특강악기
시리즈

소프라노

리코더

다모아뮤직 편집부

DM 다모아뮤직

차례

소프라노
리코더

리코더 운지법

(B)바로크식 (G)저먼식

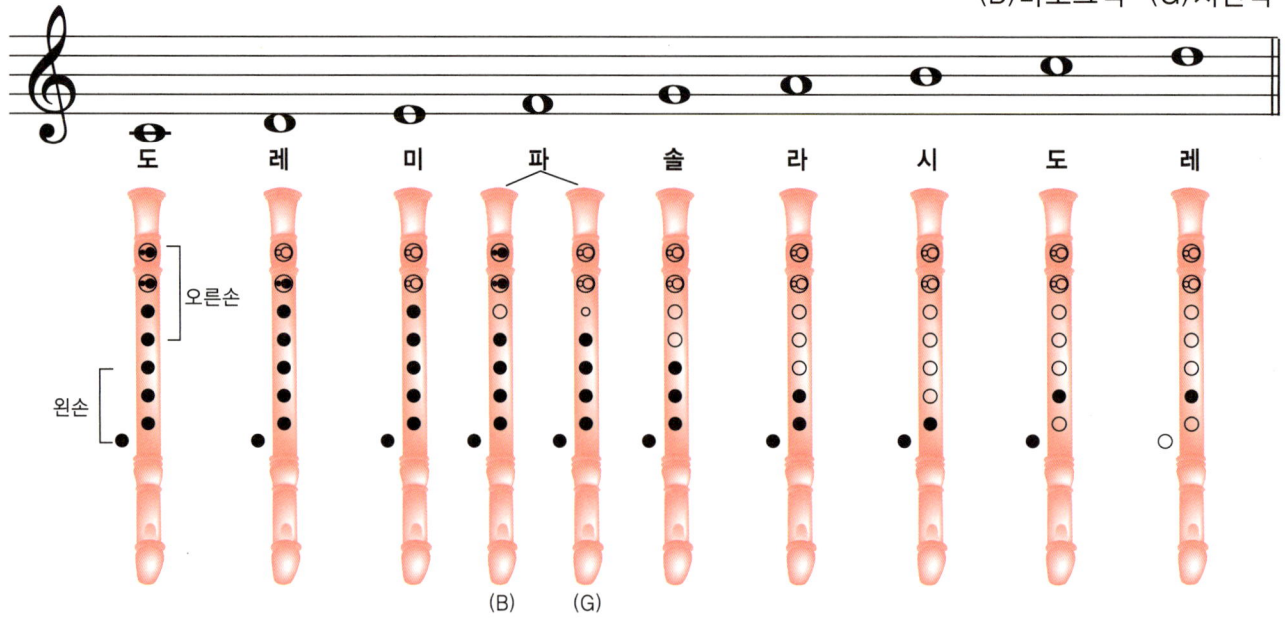

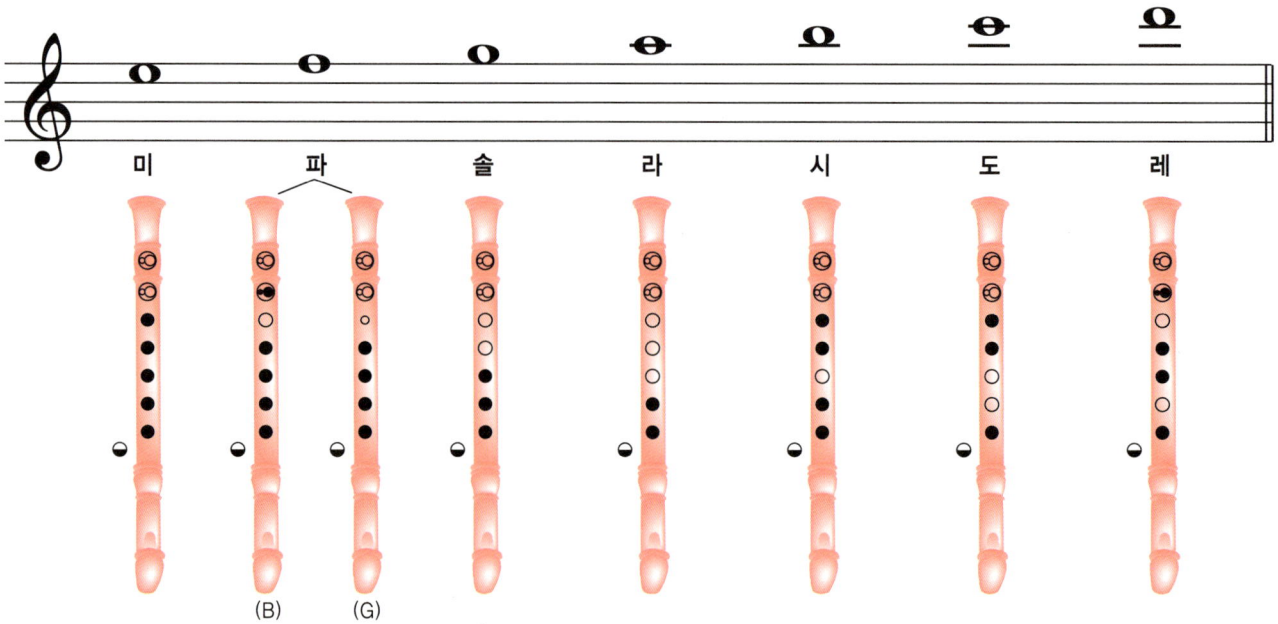

●막는다 ○연다 ◗조금만 연다

도# 레♭   레# 미♭   파# 솔♭   솔# 라♭

(B) (G)

라# 시♭   도# 레♭   레# 미♭   파# 솔♭

(B) (G)

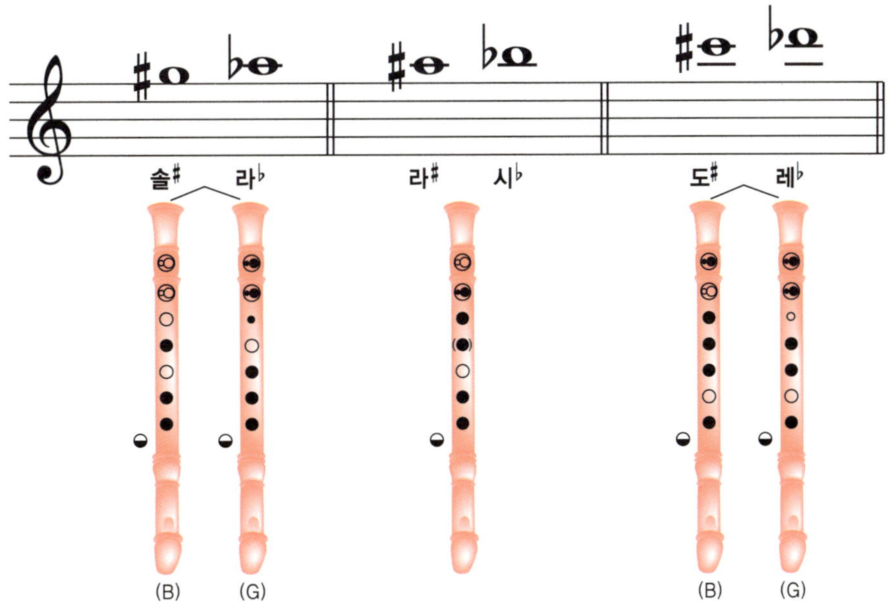

솔# 라♭   라# 시♭   도# 레♭

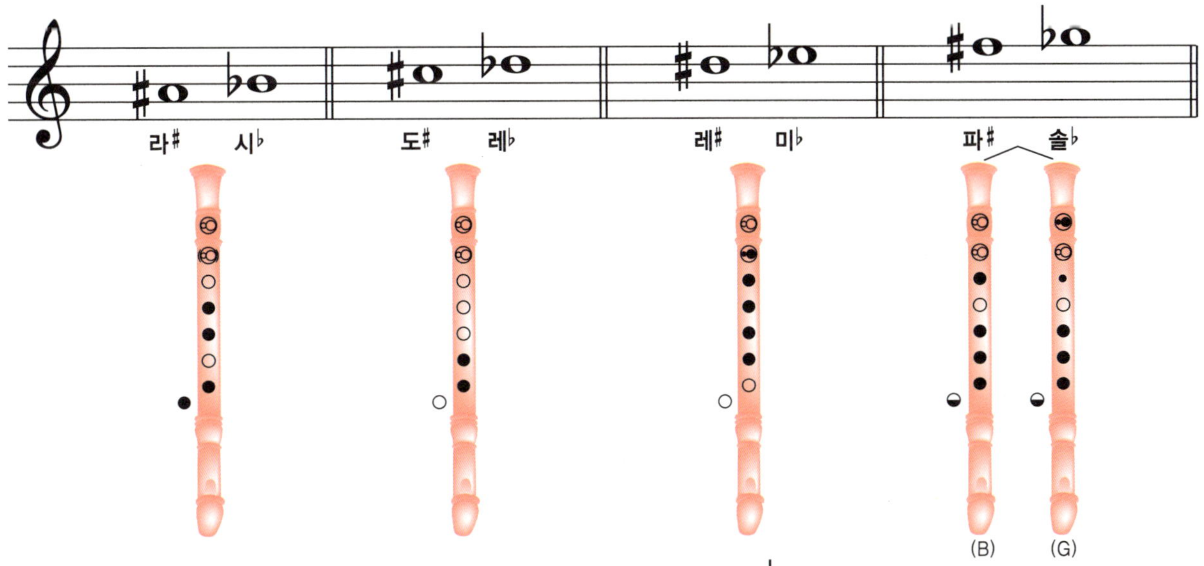

(B) (G)   (B) (G)

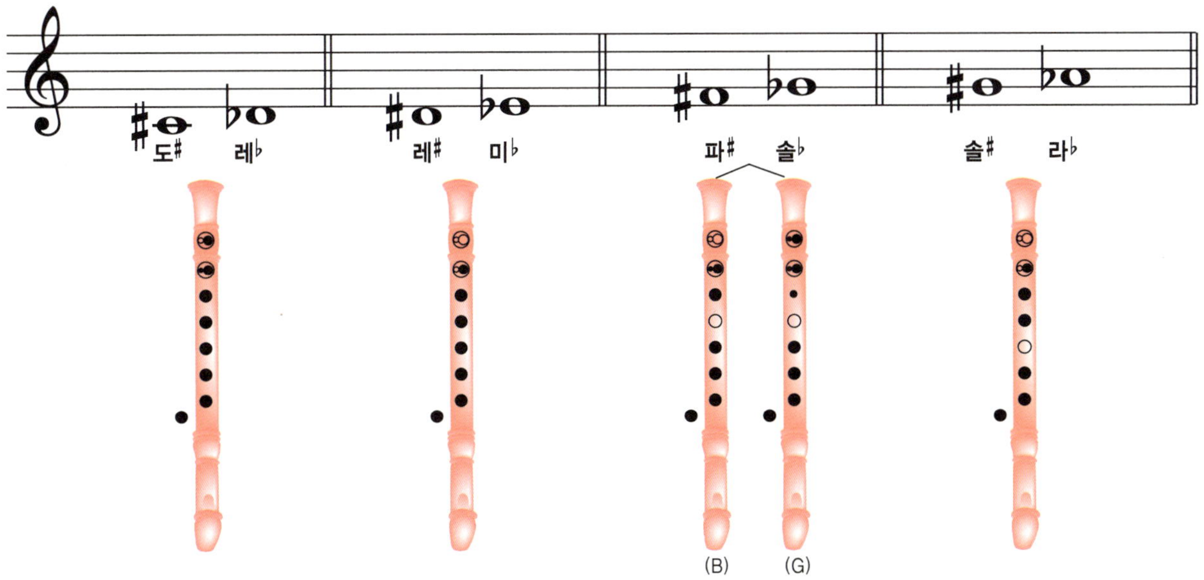

리코더 역사

리코더는 12세기 무렵부터 사용된 것으로 추정되며, 오늘날의 리코더 형태로는 17세기초부터 18세기 중엽, 바로크시대(1600~1750)에 이르러 반음정을 갖추게 되어 전성기를 맞이하였으며 바하, 헨델, 텔레만, 비발디, 코렐리 등이 리코더 곡을 작곡했으며, 이때부터 리코더 음악이 성행하게 되었습니다.

18세기에 대편성 오케스트라가 자리 잡으면서 음량이 작은 리코더는 곡의 표정을 다양하게 변화시킬 수 없어 20세기 초에 이르기까지 거의 자취를 감추었는데 영국의 돌메치(A.Dolmetscn)를 중심으로 리코더 부흥이 시작되어 유럽과 세계 여러나라에 알려지게 되었으며, 1935년 영국에 헌트(E.Hunt)가 음악 학교에서 집단교육을 시작하면서 교육용 악기로 널리 알려지게 되었으며, 우리나라는 1963년 음악 교과 과정에서 선택악기로 지정되었으며, 1973년 필수 악기로 개편되면서 초, 중, 고등학교에서 폭넓게 활용되고 있습니다.

바로크식과 저먼식 리코더

바로크식(영국식) 리코더

전통적인 운지법으로 반음과 고음이 정확한 음정을 가지고있으며 악기 뒷면에(B)라고 표시되어 있습니다.
리코더를 연주를 할때는 이 바로크식 리코더로 연주 합니다.

저먼식(독일식) 리코더

독일에서 일반 학교에 교육용으로 보급하기 위하여 파(F)의 운지를 쉽게 개량하여 만들었지만 음정이 불안하고 정확하지 않는 단점이 있으며, 수준이 있는 곡은 연주하기가 어렵습니다. 뒷면에 (G)라고 표시되어 있으며 바로크식 리코더보단 5번째 구멍이 작습니다.

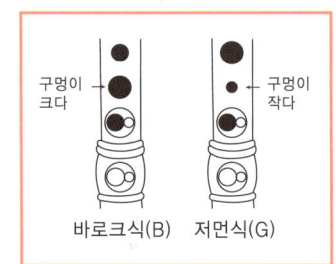

리코더 종류

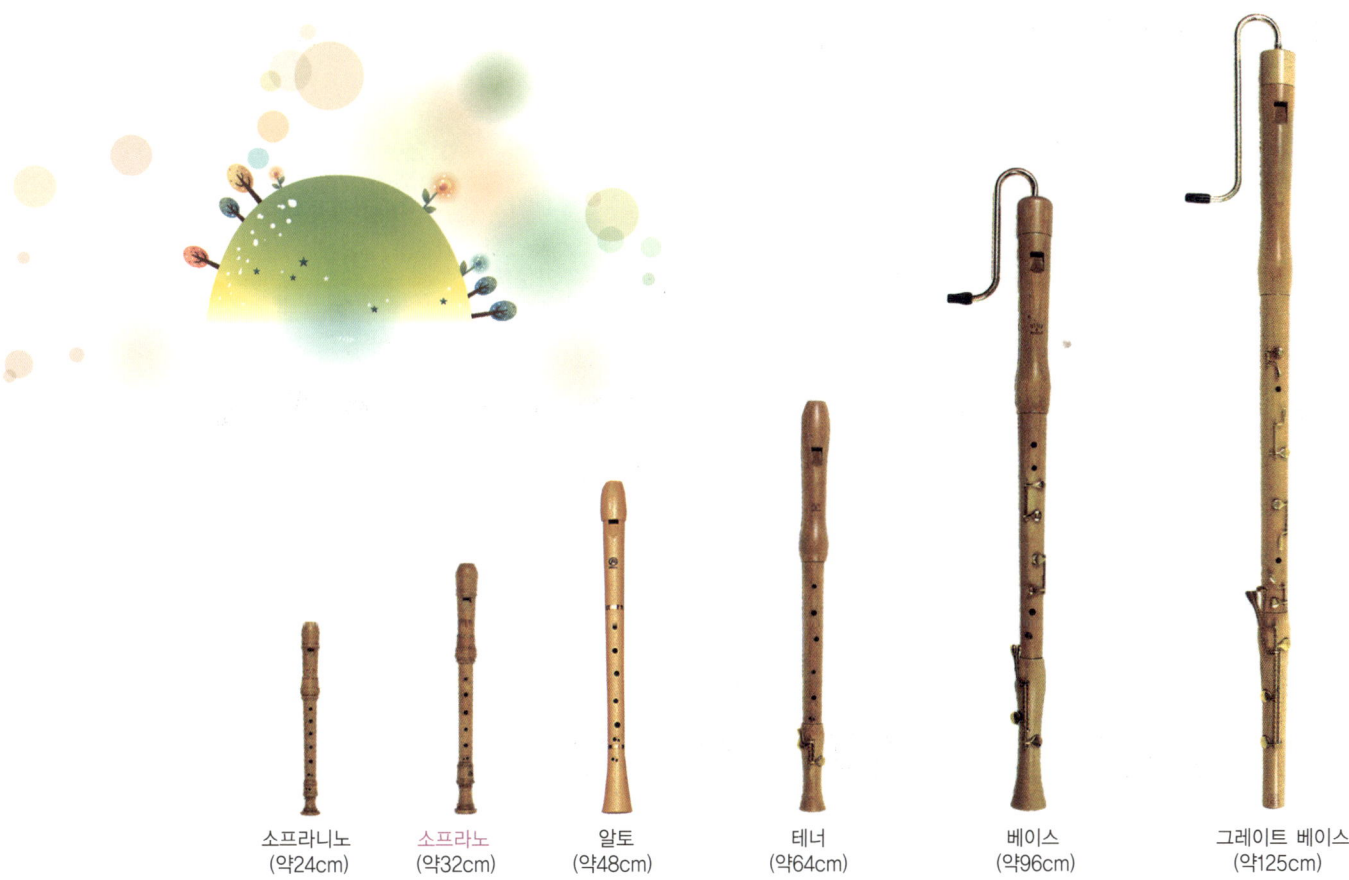

| 소프라니노
(약24cm) | 소프라노
(약32cm) | 알토
(약48cm) | 테너
(약64cm) | 베이스
(약96cm) | 그레이트 베이스
(약125cm) |

리코더 음역

| 소프라니노 | 소프라노 | 알토 | 테너 | 베이스 | 그레이트 베이스 |

Tip

리코더는 악기가 클수록 낮은 소리가 나고, 작을수록 높은 소리가 납니다.
여러분은 이 악기중에서 소프라노 리코더를 배우게 됩니다.

리코더 명칭

리코더는 크게 세 부분으로 분리되며, 취구가 있는 윗관, 가운데관, 아랫관으로 구성됩니다.

리코더 구조

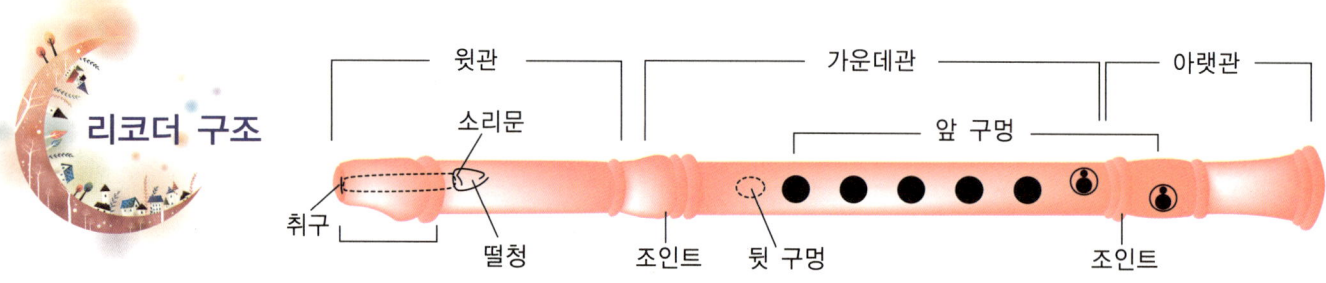

리코더 잡는 방법

리코더를 잡는 손가락의 번호

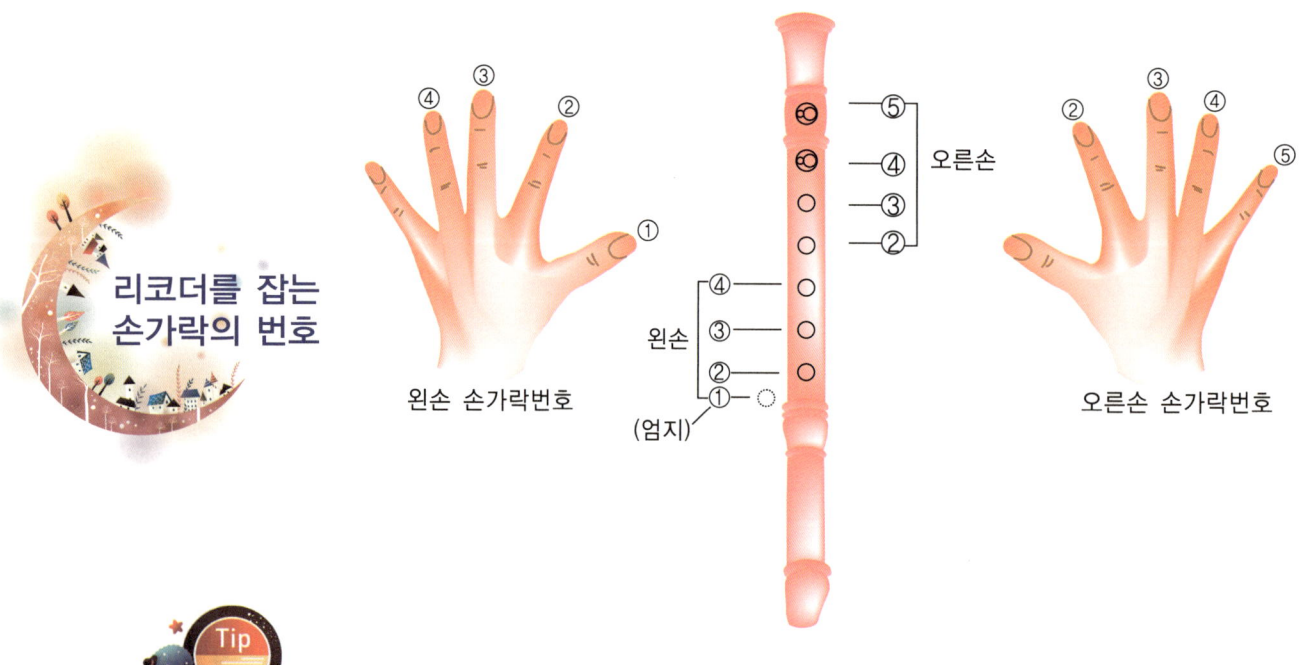

왼손 손가락번호

오른손 손가락번호

Tip

리코더를 잡을때는 피아노 손가락번호와 일치하게 하여 배우기 쉽게 하였습니다.

리코더 소리내기(텅깅)

리코더에서는 "두" 또는 "도"를 텅깅하며 고음에서는
보다 강하게 "투"라고 텅킹합니다.
텅깅에 따라 예쁘고 아름다운 소리가 나기도 하고
거친소리나 듣기 싫은 소리가 나기도 하므로 처음부터
텅깅을 바르게 배우도록 합니다.

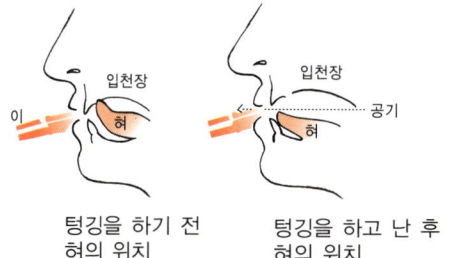

텅깅을 하기 전
혀의 위치

텅깅을 하고 난 후
혀의 위치

리코더 아티큘레이션

●●●논 레가토
음과 음 사이를 구분해서 연주하며 가장
기초적인 텅킹법 입니다.

●●●레가토
음과 음 사이를 부드럽게 이어서 연주하며
첫음만 텅깅하고 나머지 음은 호흡을 유지한
상태로 운지만 바꿉니다.

●●●포르타토
매 음마다 텅깅을 하며 리코더 연주에 가장
많이 사용되며 부드럽게 이어서 연주합니다.

●●●스타카토
음과 음 사이를 짧게 텅깅하며 밝고 경쾌한
느낌을 줍니다.

9

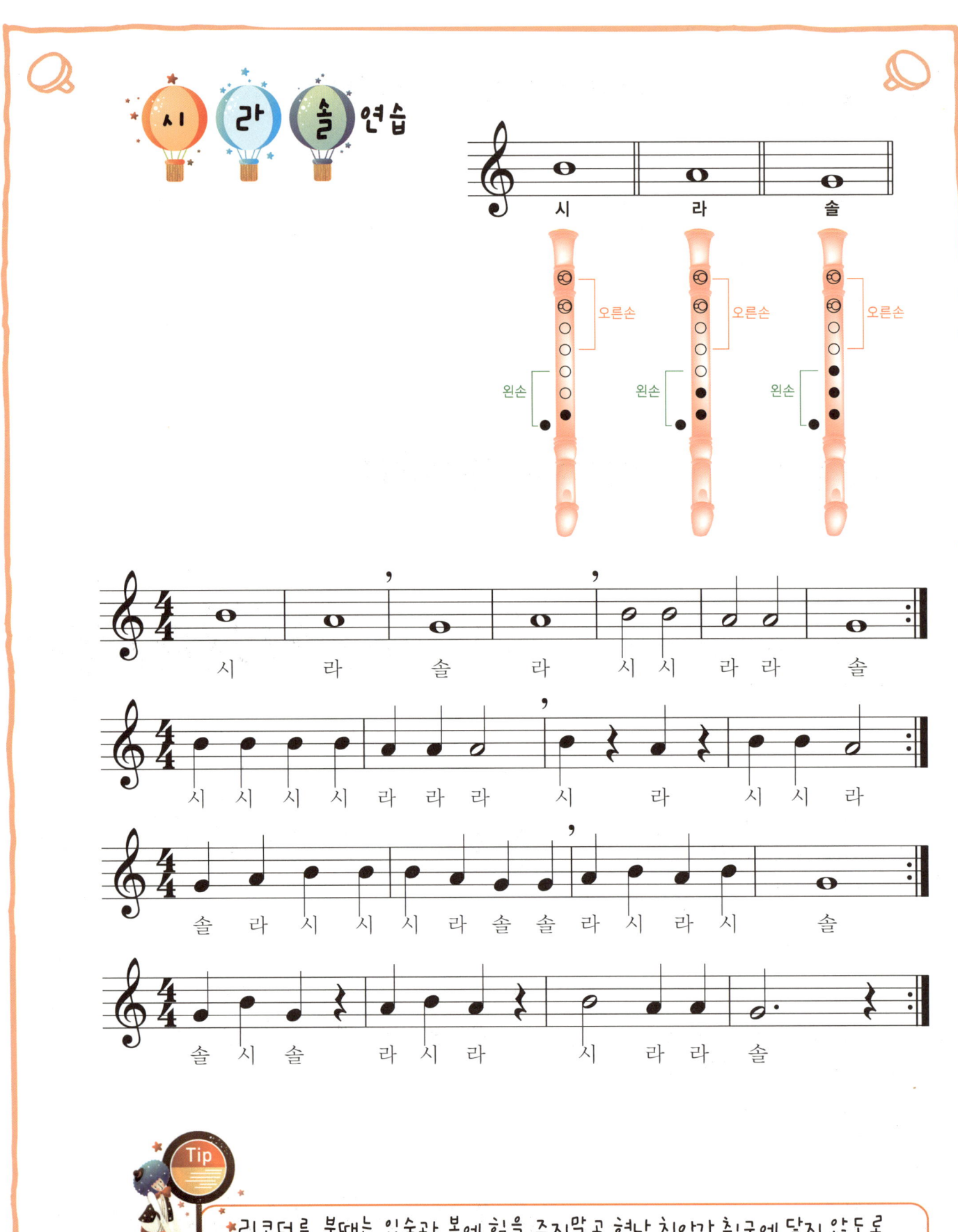

재미 있는 리코더

박주희 작사 / 작곡

재 미 있 는 리 코 더 함 께 배워 요

두 두 두 소 리 내 며 함 께 불 러 요

그네

외국곡

두 두 두 두 두 두 두 두 두 두 두 두 두 두

두 두 두 두 두 두 두 두 두 두 두 두

Tip

소프라노 리코더는 실제 악보 보다 한 옥타브 높은 소리가 난답니다.
악보상에 8이라고 옥타브 표시가 되어 있지만 이 책에서는 생략합니다.

11

비행기

외국곡

떳 다 떳 다 비 행 기 날 아 라 날 아 라

높 이 높 이 날 아 라 우 리 비 행 기

무지개

박주희 작사 / 작곡

무 지 개 무 지 개 일 곱 색 깔 무 지 개

빨 주 노 초 파 남 보 예 쁜 무 지 개

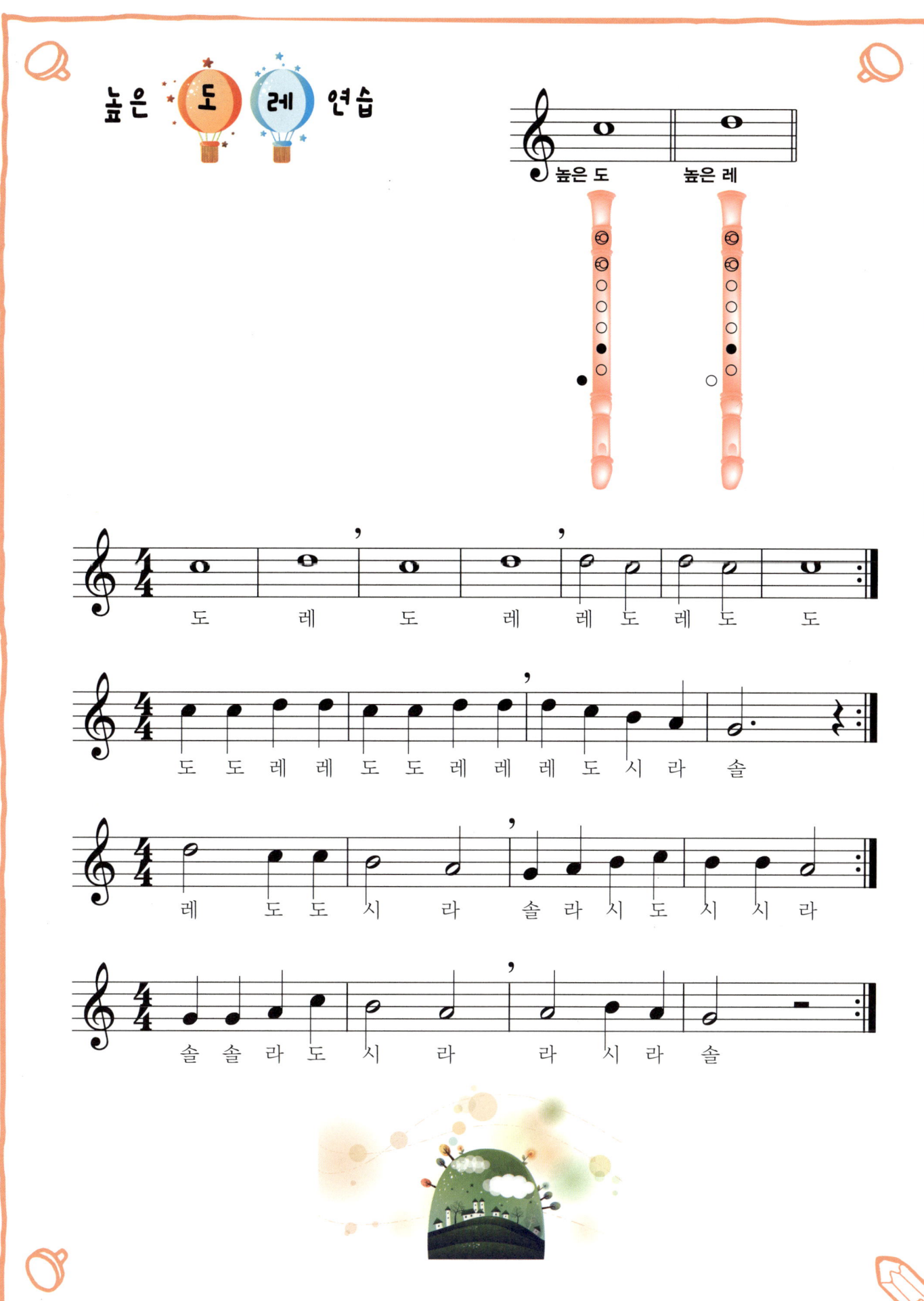

높은 도 레 연습

높은 도   높은 레

도   레   도   레   레도레도   도

도 도 레 레 도 도 레 레 레 도 시 라 솔

레   도 도 시   라   솔 라 시 도 시 시 라

솔 솔 라 도 시   라   라 시 라 솔

운동회

정윤환 작사 / 작곡

청 군 이겨라 백 군 도 이 겨 라

오 늘 은 즐거운 운 동 회 날

아침

박경종 작사 / 외국곡

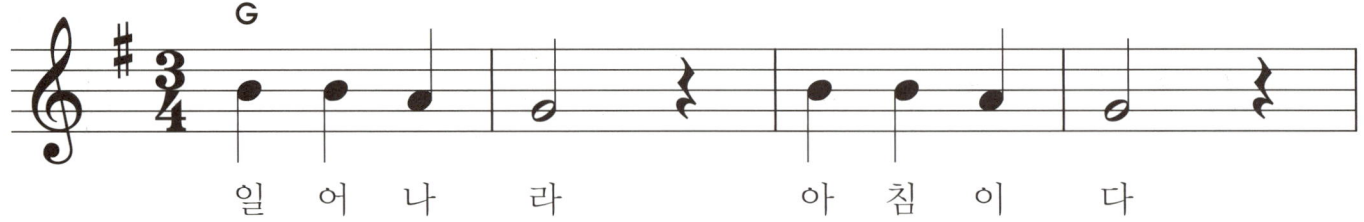

일 어 나 라 아 침 이 다

어 서 들 일 어 나 서 새 아 침 맑 은바람

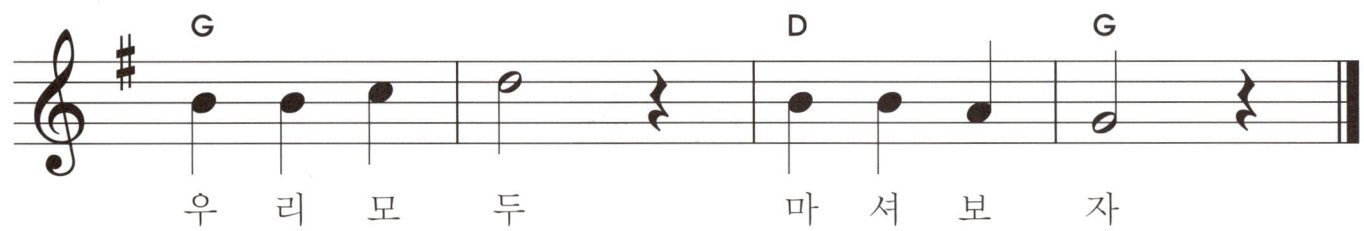

우 리 모 두 마 셔 보 자

14

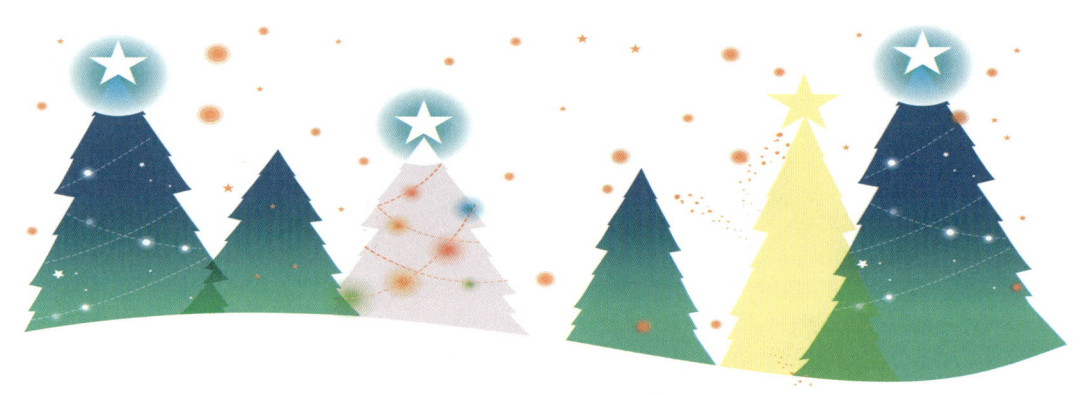

징글벨

피어폰트 작곡

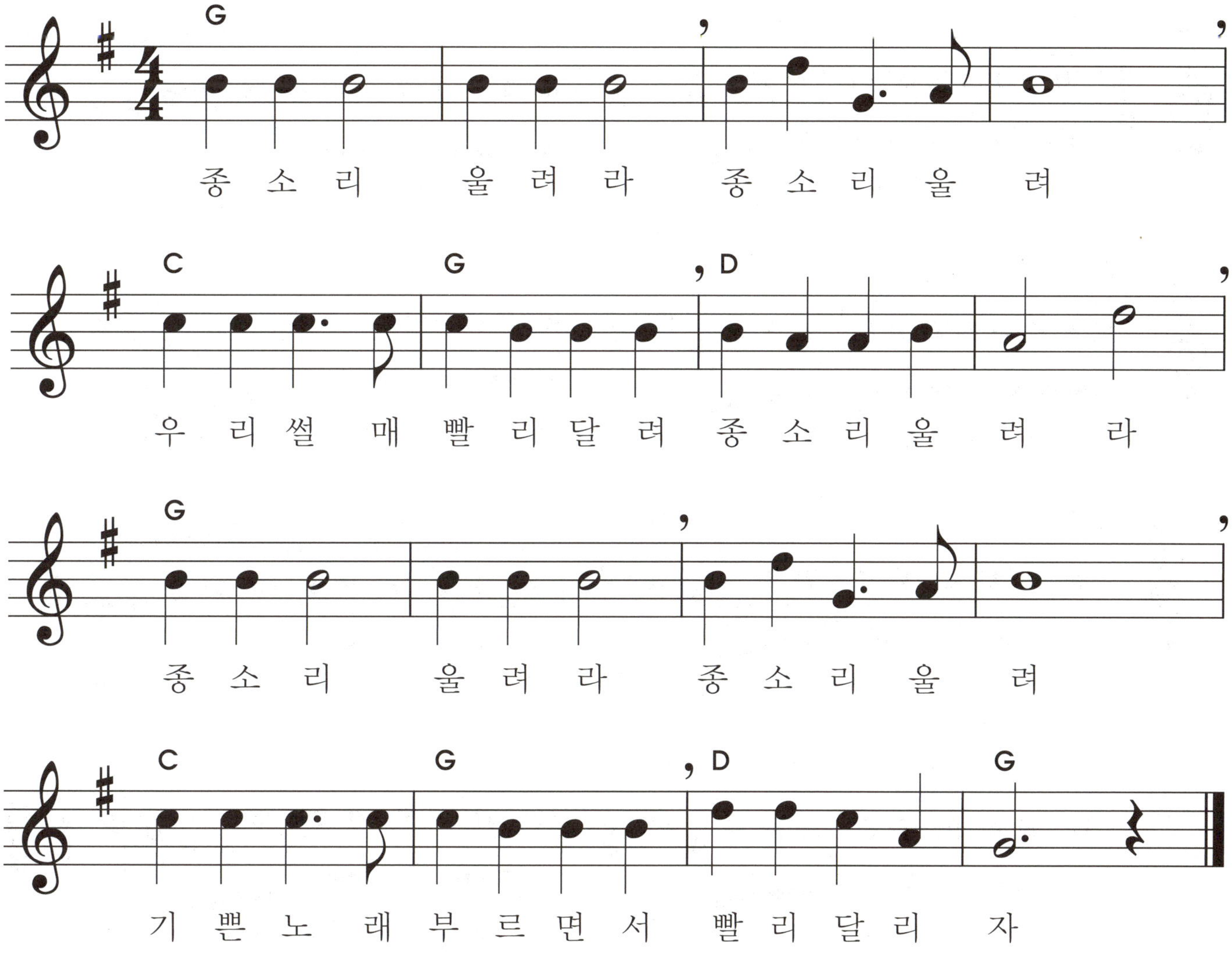
G
종 소 리 울 려 라 종 소 리 울 려
C G D
우 리 썰 매 빨 리 달 려 종 소 리 울 려 라
G
종 소 리 울 려 라 종 소 리 울 려
C G D G
기 쁜 노 래 부 르 면 서 빨 리 달 리 자

서울 구경

전래동요

C **G** **C**

시골 영감 처음 가는 기차 놀이라   차 표 파는 아 가 씨와 실 랑이 하네

C **G** **C**

이 세상에 에누리 없 는 장사 어딨어   깎아 달 라졸 라대도 막 무 가 내 라

C **G** **C**

하 하하 하 하하 하하 하하 하   하 하하 하 하하 하하 하 하하 하

C **G** **C**

하 하하 하 하하 하하 하하 하   하 하하 하 하하 하 하하 하하 하

16

파 미 레 도 연습

파　미　레　도

(B)　(G)

안녕

정세문 작사 / 신동일 작곡

안녕하세요 선생님 안 녕 친 구 야

인 사 하 는 어 린 이 착 한 어 린 이

꼬마 벌

독일민요

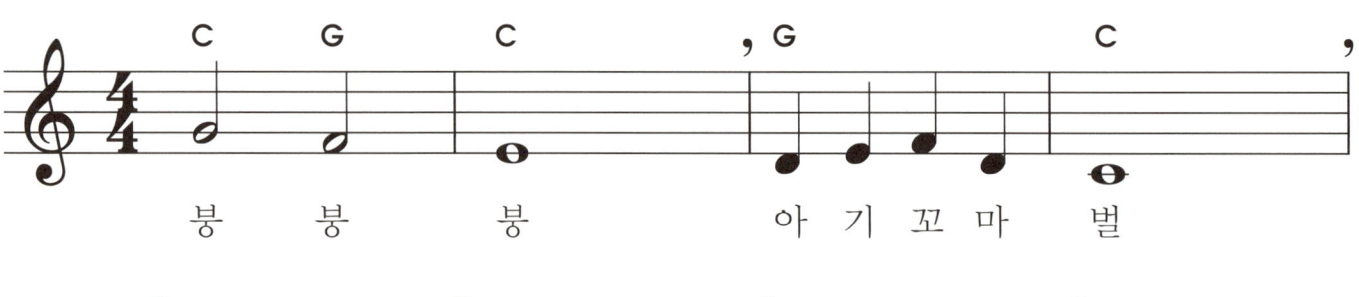

붕 붕 붕 아 기 꼬 마 벌

엄 마 따 라 언 니 따 라 흰 꽃 에 서 앉 아 쉬 고

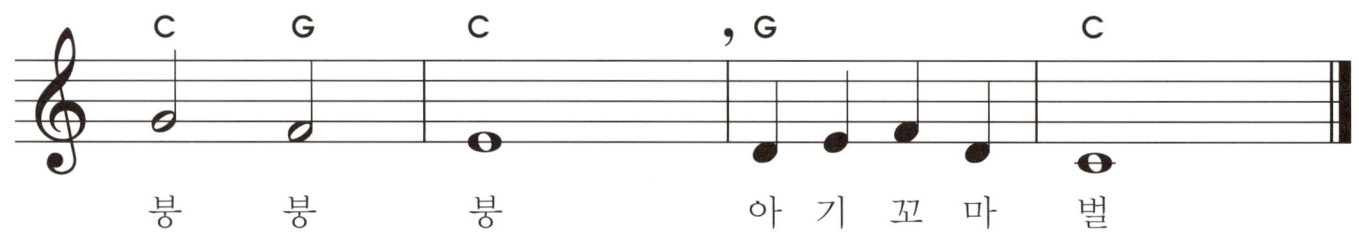

붕 붕 붕 아 기 꼬 마 벌

가을 길

김규환 작사 / 작곡

노랗게 노랗게 물들었네 빨갛게 빨갛게 물들었네 -

파랗게 파랗게 높은 하늘 가을길은 고운길

트랄 랄랄라 트랄 랄랄라 트랄 랄랄랄라 노래부르자

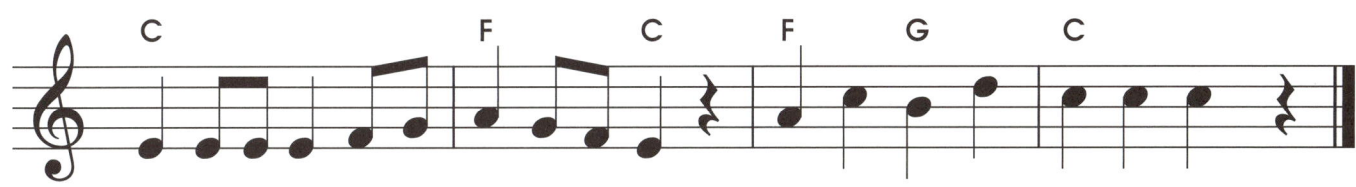

산 넘어물 건너 가는 - 길 가을길은 비단길

꼬까신

최계락 작사 / 손대업 작곡

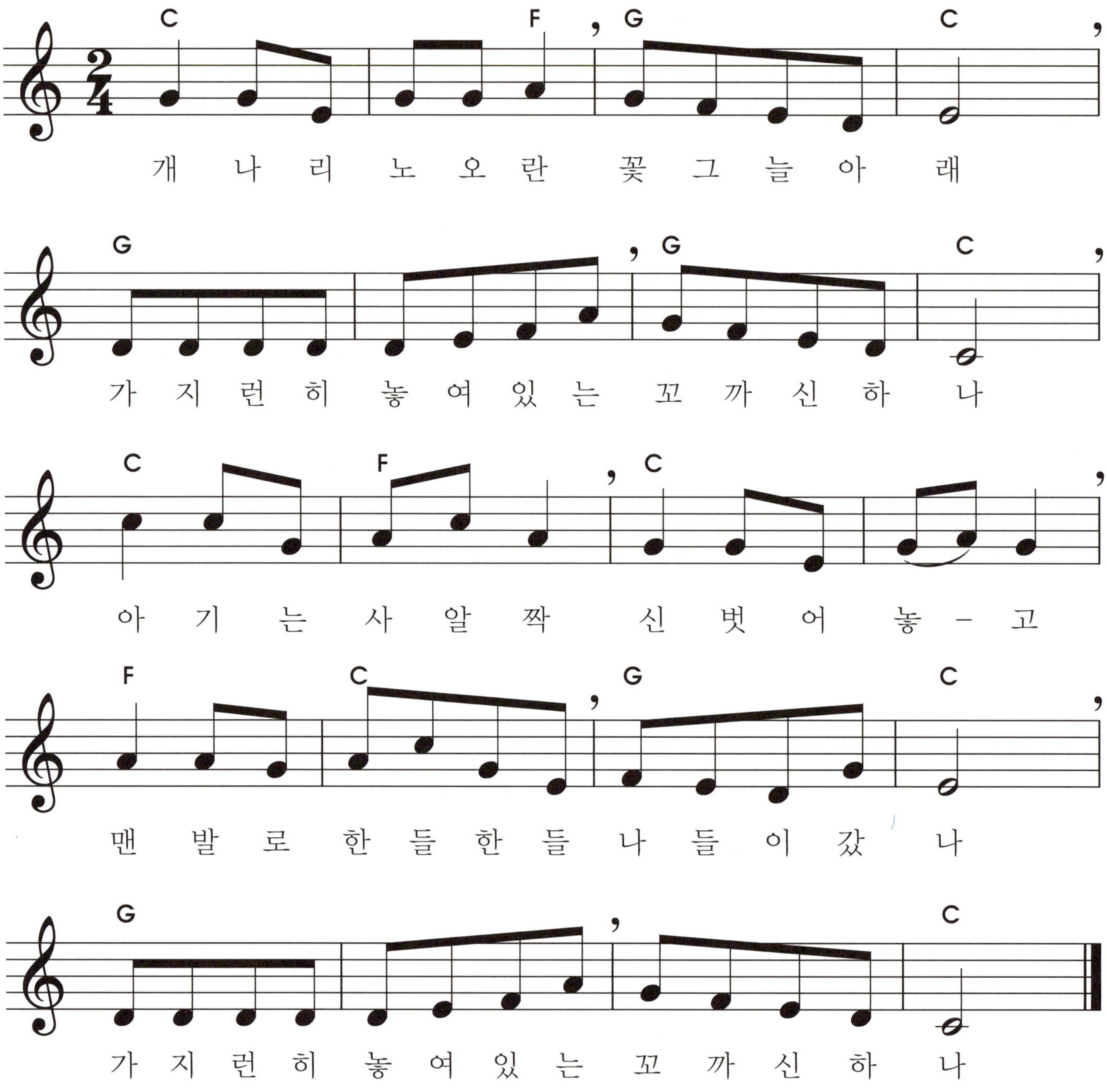
C F G C
개 나 리 노 오 란 꽃 그 늘 아 래
G G C
가 지 런 히 놓 여 있 는 꼬 까 신 하 나
C F C
아 기 는 사 알 짝 신 벗 어 놓 – 고
F C G C
맨 발 로 한 들 한 들 나 들 이 갔 나
G C
가 지 런 히 놓 여 있 는 꼬 까 신 하 나

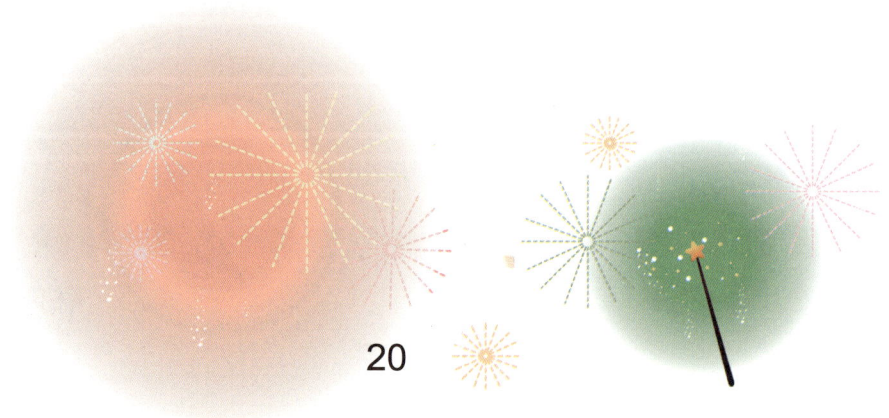

작별

CD 1

스코틀랜드 민요

F　Dm　Gm　C,　F　B♭,

오 랫 동 안 사 귀 었 던 정 든 내 친 구 여 작

F　Dm　Gm　C,　B♭　C⁷　F,　B♭

별 이 란 웬 말 인 가 가 야 만 하 는 가 어

F　Dm　Gm　C,　F　F/A　B♭,

디 간 들 잊 으 리 요 두 터 운 우 리 정 다

F　Dm　Gm　C,　B♭　C⁷　F

시 만 날 그 날 위 해 축 배 를 올 리 자

21

종이접기

강소천 작사 / 정세문 작곡

빨강빨강 종이론 무 얼 접을까

파 랑파 랑 종 이 론 무얼접을 까

빨 강꽃 들 피 어 라 푸 른벌 판 에

파 랑새 들 날 아 라 푸 른하늘 에

슬러(이음줄)연습

높이가 다른 두 음을 줄로 연결한 음을 슬러(이음줄)라고 합니다. 슬러(이음줄)는 부드럽게
이어서 연주합니다. (앞의 음만 텅깅하고 다음 음은 운지만 바꿉니다.)

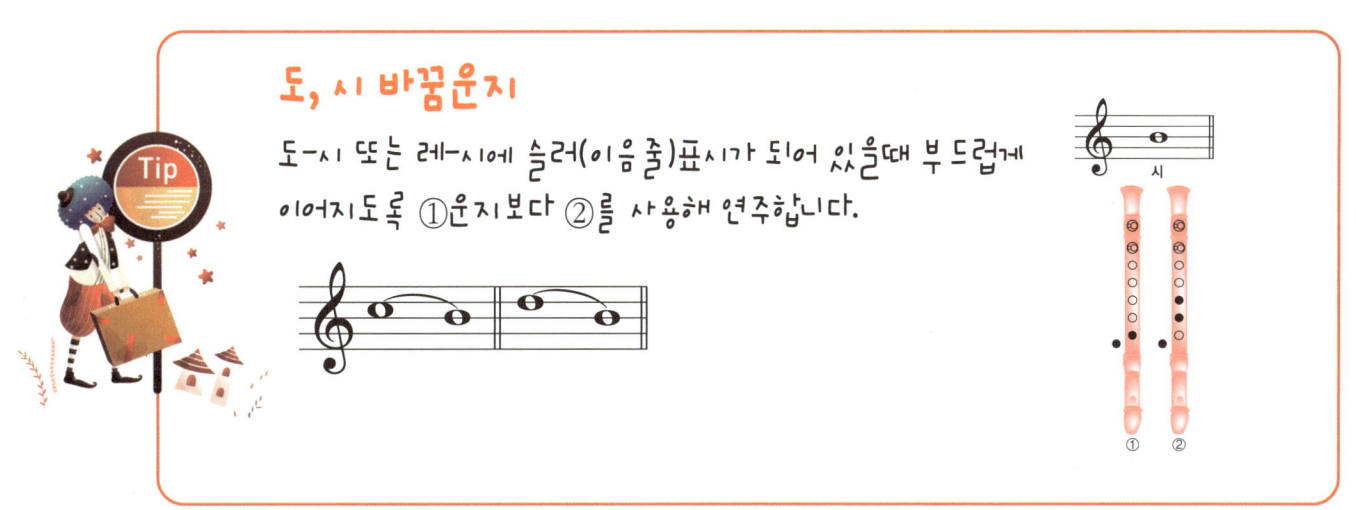

도, 시 바꿈운지

도-시 또는 레-시에 슬러(이음줄)표시가 되어 있을때 부드럽게
이어지도록 ①운지보다 ②를 사용해 연주합니다.

CD 2

내가 찾는 아이

최성원 작사 / 작곡

G   D   G   C/G G
내 가 찾 는 아 이

G   D   G   C/G G
흔 히 볼 수 없 지

E   Am   , D/F♯   G   ,
넓 은 세 상   볼 줄 알 고

E   Am   , D/F♯   G G/A G/B ,
작 은 풀 잎   사 랑 하 는 — —

C   G/B   , D   G G/A G/B ,
워   워   흔 히 없 지 — —

C   G/B   , D   G
예   예   볼 수 없 지

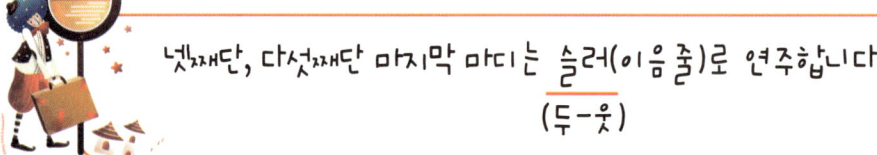

넷째단, 다섯째단 마지막 마디는 슬러(이음 줄)로 연주합니다.
(두-웃)

벌아 벌아 꿀 떠라

전래동요

벌 아 벌 아 꿀 떠 라 - 연 달 래 꽃 줄 까 -

지 게 달 래 꽃 줄 까 벌 아 벌 아 꿀 떠 라 -

연 달 래 꽃 줄 까 - 지 게 달 래 꽃 줄 까

리코더 연주 중 물방울을 고여 답답한 소리가 날 경우 떨청 부분을 집게 손가락으로 막고 "후"라고 불면 다시 고운 소리가 납니다.

참새 노래

전래가사 / 이성천 작곡

참 새 야 참 새 야 너 어 디 가 - 니

순 희 네 처 마 에 알 낳 러 간 - 다

종달새의 하루

윤석중 작사 / 이은렬 작곡

하 늘 에 서 - 굽 - 어 보 면 보 리 밭 이 좋 - 아 보 여 -

종 달 새 가 - 쏜 - 살 같 이 내 - 려 - 옵 니 다

비 비 배 배 거 - 리 - 며 오 르 락 내 리 락

오 르 락 내 리 락 하 - 다 하 루 해 가 집 니 다

예수 사랑해요

CD 3

예 - 수 사 랑 해 요 나 주 앞 에 엎 드 려

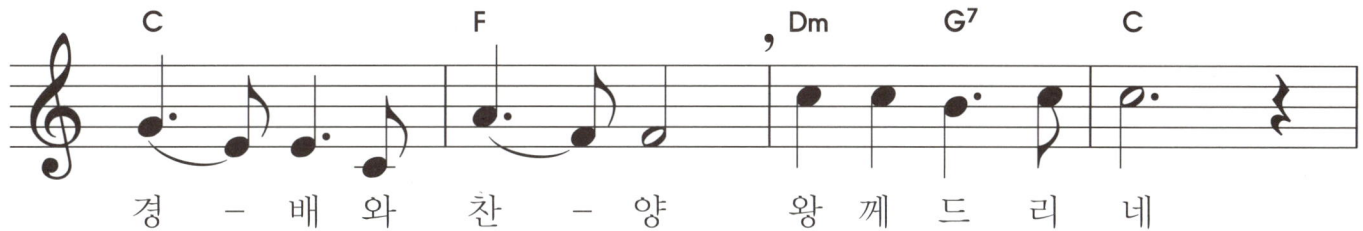

경 - 배 와 찬 - 양 왕 께 드 리 네

할 - 렐 루 - 야 할 렐 루 - 야

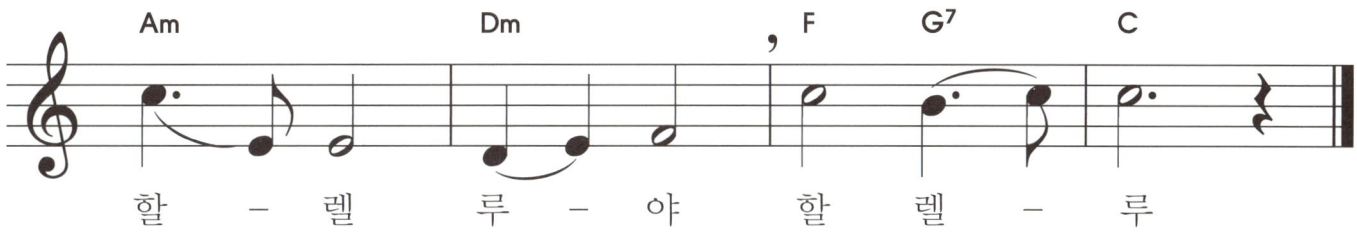

할 - 렐 루 - 야 할 렐 - 루

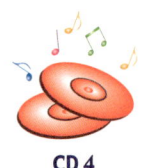

뻐띠 피노키오

CD 4

D.Vidal 작곡

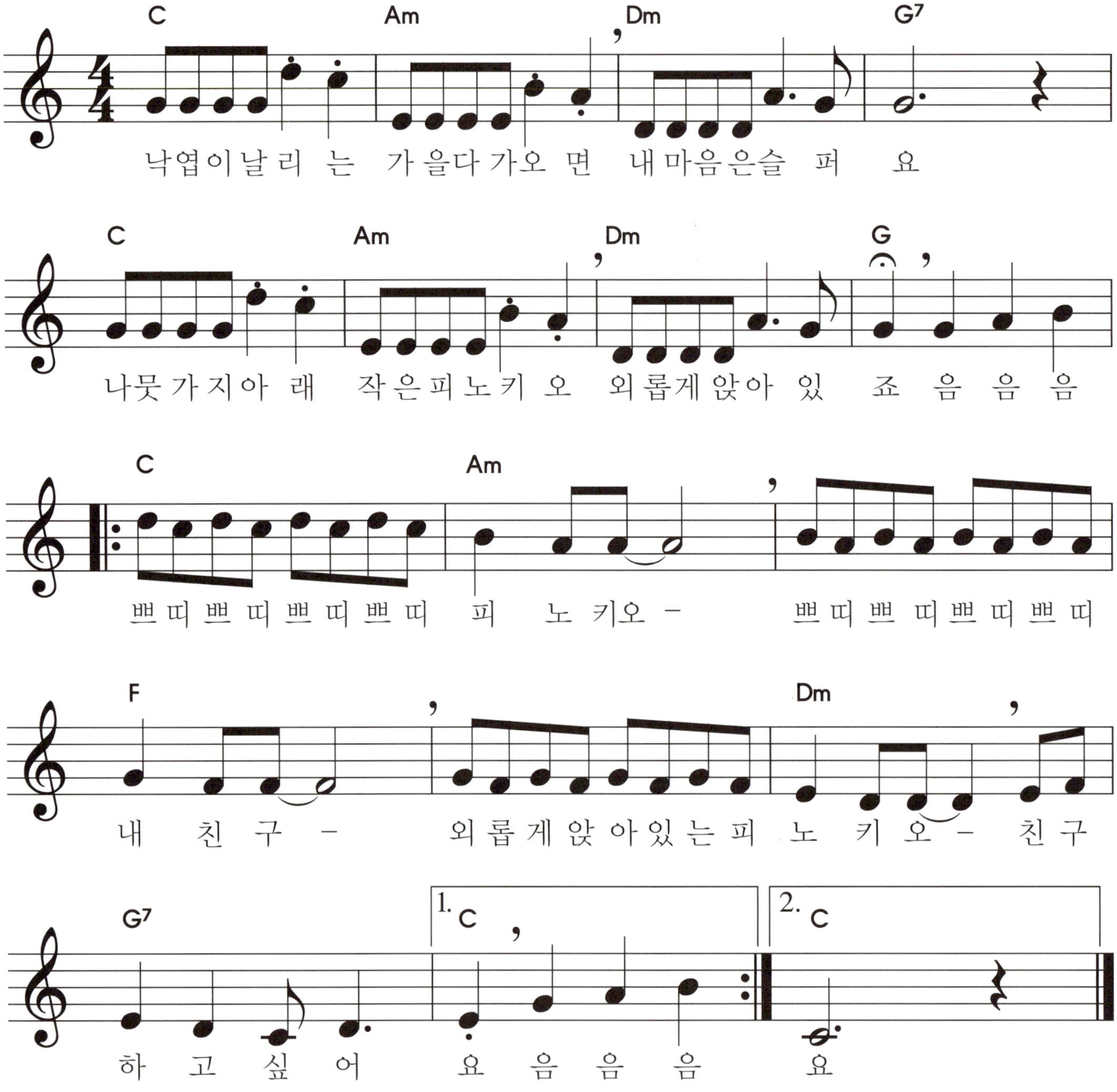
C Am Dm G7
낙엽이날리 는 가을다가오 면 내마음은슬 퍼 요
C Am Dm G
나뭇가지아 래 작은피노키 오 외롭게앉아 있 죠 음 음 음
C Am
뻐띠뻐 띠뻐 띠뻐 띠 피 노 키오 – 뻐띠뻐 띠뻐 띠뻐 띠
F Dm
내 친 구 – 외롭게앉아있는피 노 키 오 – 친구
G7 1. C 2. C
하 고 싶 어 요 음 음 음 요

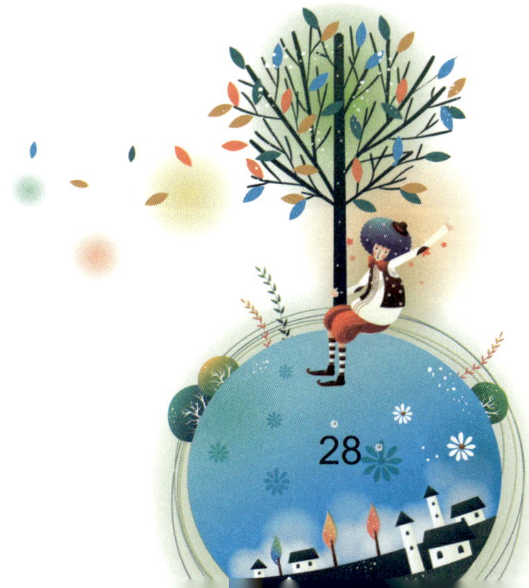

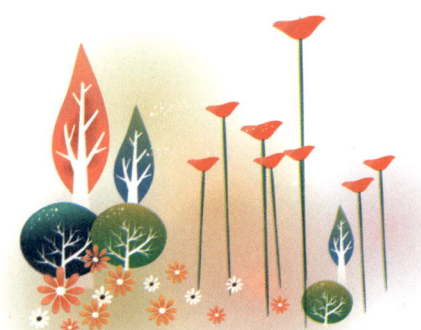

도라지 타령

경기민요

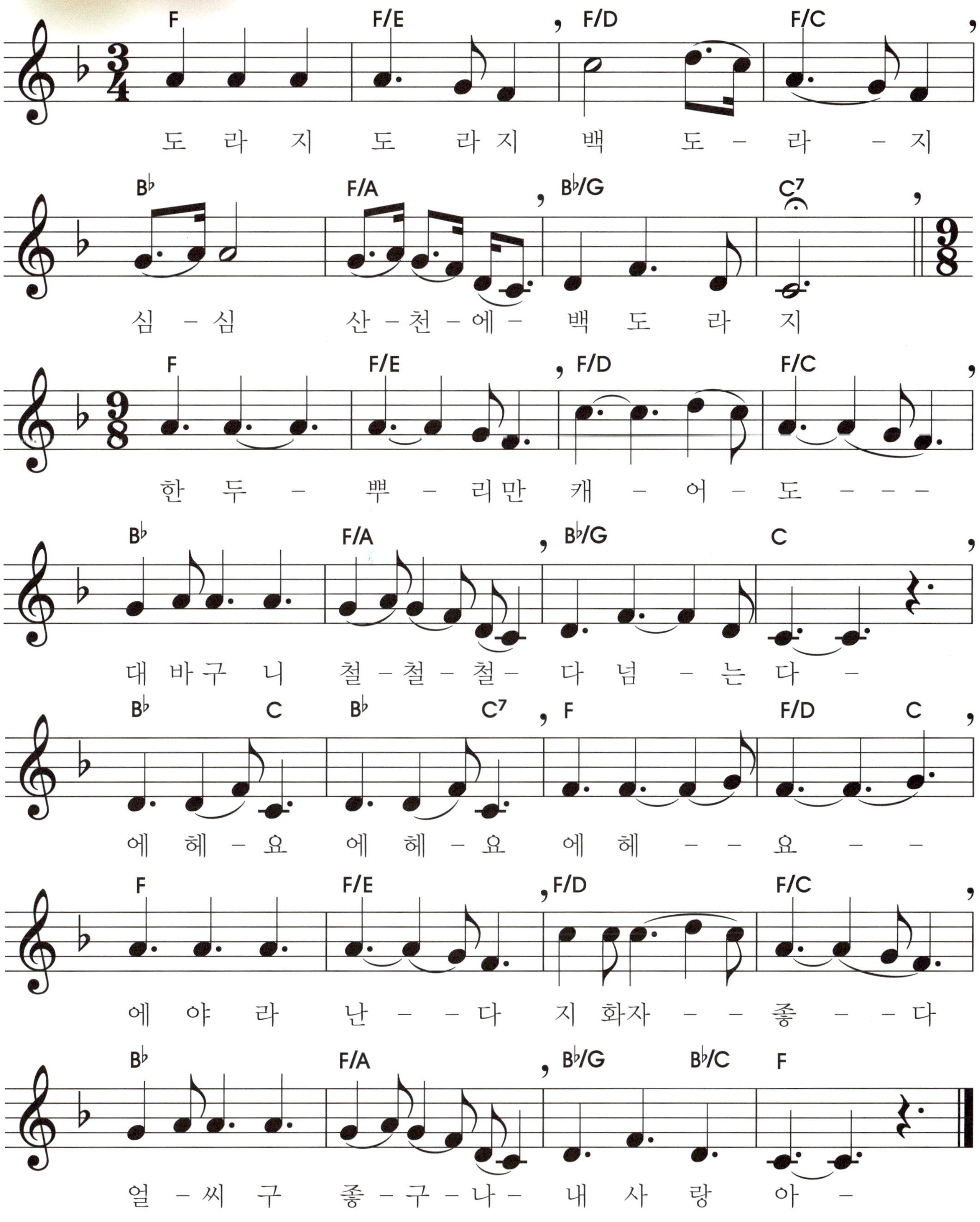
F F/E F/D F/C
도 라 지 도 라 지 백 도 – 라 – 지
B♭ F/A B♭/G C7
심 – 심 산 – 천 – 에 – 백 도 라 지
F F/E F/D F/C
한 두 – 뿌 – 리만 캐 – 어 – 도 – – –
B♭ F/A B♭/G C
대 바구 니 철 – 철 – 철 – 다 넘 – 는 다 –
B♭ C B♭ C7 F F/D C
에 헤 – 요 에 헤 – 요 에 헤 – – 요 – –
F F/E F/D F/C
에 야 라 난 – – 다 지 화자 – – 좋 – – 다
B♭ F/A B♭/G B♭/C F
얼 – 씨 구 좋 – 구 – 나 – 내 사 랑 아 –

높은  연습

고향의 봄

CD 5

이원수 작사 / 홍난파 작곡

| C | C⁷ | F | C/E | ,C/A | D⁷ | G⁷ | , |

나의 살 — 던 고 향은 꽃 피 는 산 — 골

| C | E⁷ | Am | F | ,C/G | G⁷ | C |

복 숭 아 꽃 살 구 — 꽃 아 기 진 달 — 래

| G | C | G | C⁷ | ,F | D⁷ | Dm⁷ | G⁷ |

울 긋 불 긋 꽃 대 궐 차 린 — 동 — 네

| C | E⁷ | Am⁷ | F | ,C/G | G⁷ | C |

그 속 에 서 놀 던 — 때 가 그 립 습 니 — 다

31

슈만의 멜로디

슈만

앞으로

윤석중 작사 / 이수인 작곡

앞으로 　 앞으로 　 앞으로앞으로

지구는둥-그-니　까　자꾸걸어나-가-면

온 세상어-린-이　를　다만나고오-겠-네

온 세 상　어린이가-　하하하하웃-으-면

그 소 리들리겠-　네　달 나라-까-지

앞으로 　 앞으로 　 앞으로앞으로

33

아름다운 베르네 산골

스위스민요

아 름 다 운 베 르 네 맑은 시 냇 물 이 넘 쳐 흐 르 네

새 빨 간 알 핀 로 제 스 이 슬 먹 고 피 어 있 는 곳 다 스

오 브 렌 야 오 브 렌 베 르 네 산 골 아 름 답 구 나 다 스

오 브 렌 야 오 브 렌 나 의 사 랑 베 르 네 – 후 디

리 – 오 – 후 디 리 리 – 후 디 리 – 오 – 후 디 리 리 – 후 디

리 – 오 – 후 디 리 리 – 후 디 리 – 오 – 후 디 리 리 –

34

더블텅깅

지금까지 텅깅을 "두"라고 해왔는데 이런 텅깅은 "싱글 텅깅"이라 하며,
빠른 리듬(♩♫♫ , ♫♫♫)에서는 더블텅깅(드그)또는 트리플텅깅(드그드)을 사용하면 움직임이
빨라서 빠른곡을 연주 할 수 있습니다.

35

봄

윤석중 작사 / 이성복 작곡

F   Dm   B♭   F   C   Gm   Dm

니 나니– 나 니나– 니 나니– 나   버들피리소리가 들려온–다

F   Dm   B♭   F   Gm   C   F

니 나니 – 나 니나– 니 나니 – 나   버들피 리소 리가 들 려온 다

Dm   B♭   Dm   Gm   A

니나니 나니나 니나니 나   시 내에얼음이 다 풀렸 다

Dm   Gm   Dm   B♭   C

니나니 나니나 니 나니 나   잔 디 가파랗 게 돋아 난 다

F   Dm   B♭   F   C   Gm   Dm

니 나니–나 니나– 니 나니– 나   산–나 물 캐러들 올 라간–다

F   Dm   B♭   F   Gm   C   F

니 나니–나 니나– 니 나니–나   제– 비가물차고 날 아든다

36

여러가지 변화음 시(♭) = 라(#) 연습

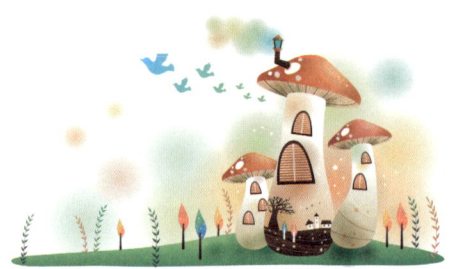

시계

외국곡

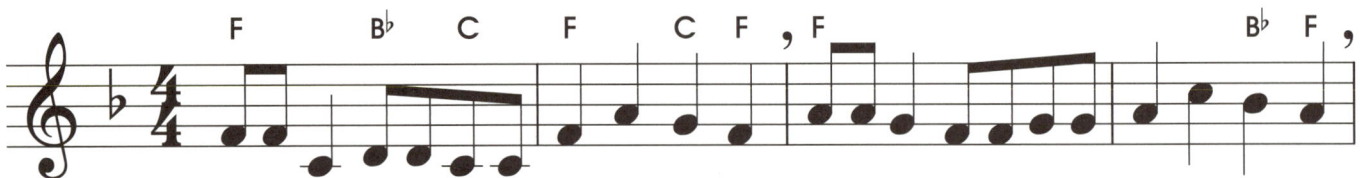

F B♭ C F C F F B♭ F
시계는 아침부터 똑 딱 똑 딱 시 계는 아침부터 똑 딱 똑 딱
C F C F
언제나같은소리 똑 딱 똑 딱 부 지 런 히 일 해 요

CD 8

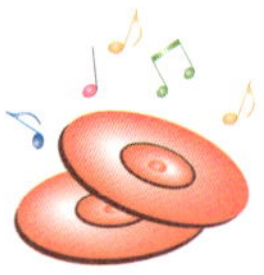

어린이날 노래

윤석중 작사 / 윤극영 작곡

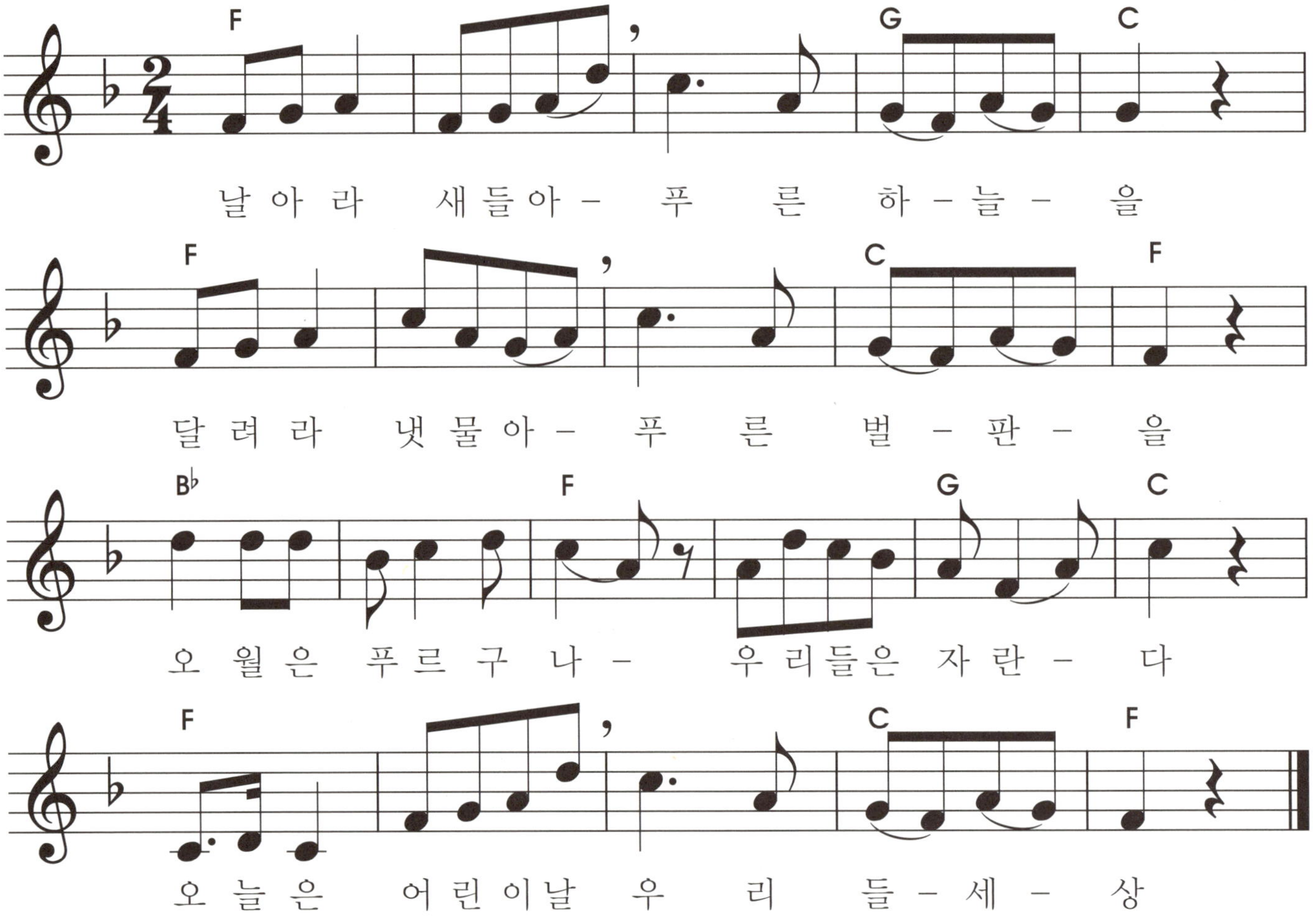

F G C
날 아 라 새 들 아 – 푸 른 하 – 늘 – 을
F C F
달 려 라 냇 물 아 – 푸 른 벌 – 판 – 을
B♭ F G C
오 월 은 푸 르 구 나 – 우 리 들 은 자 란 – 다
F C F
오 늘 은 어 린 이 날 우 리 들 – 세 – 상

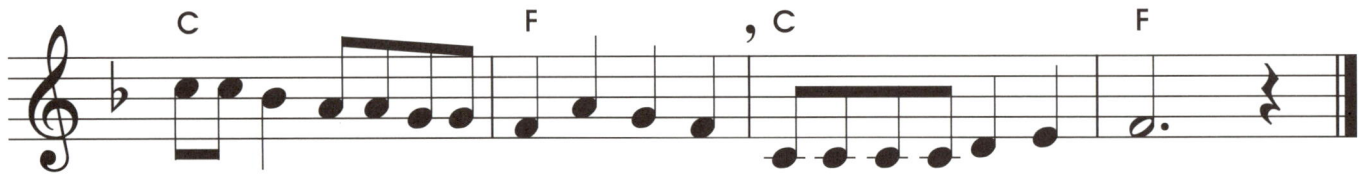

숲 속을 걸어요

CD 9

유종슬 작사 / 정연택 작곡

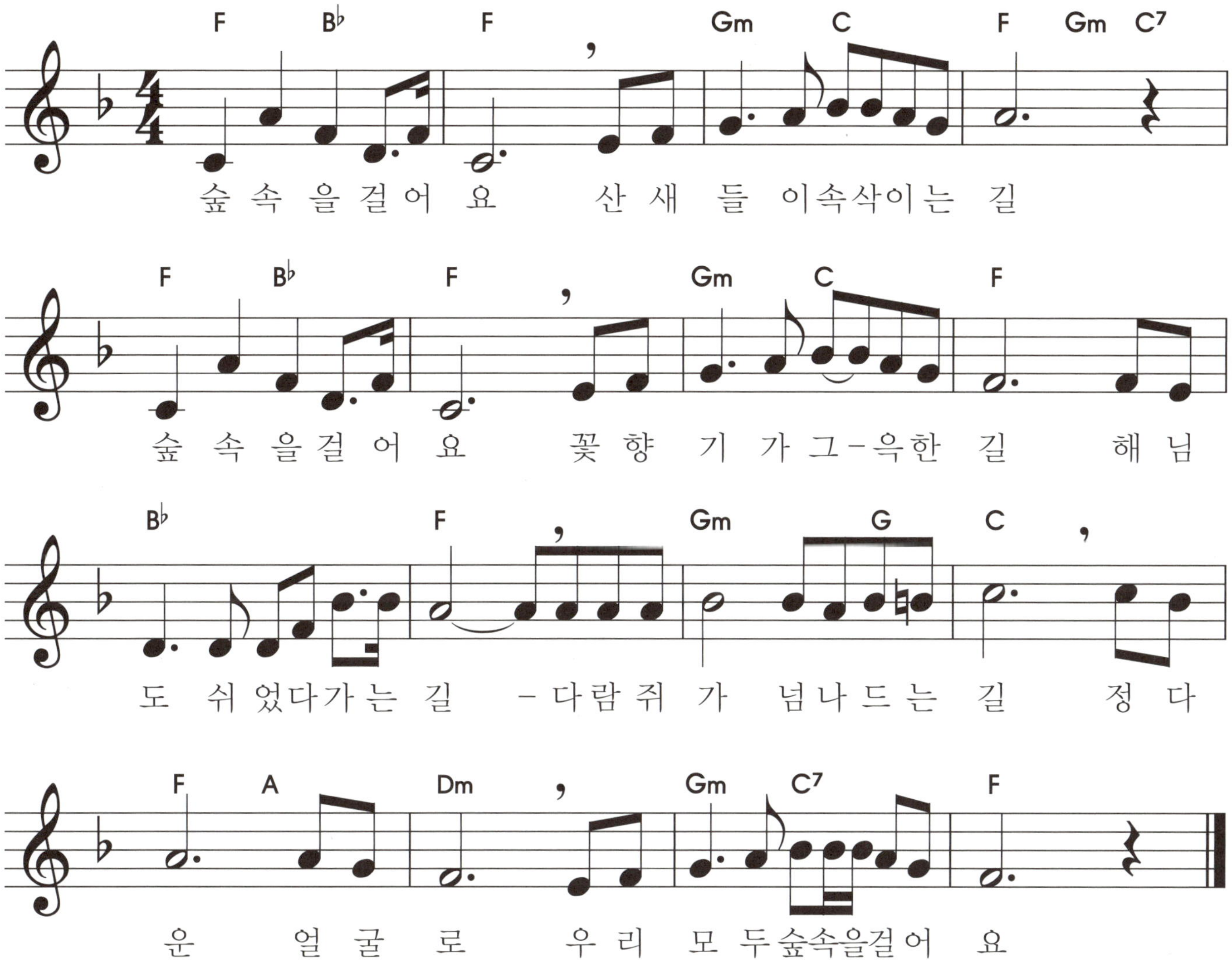

숲 속 을 걸 어 요 산 새 들 이 속 삭 이 는 길

숲 속 을 걸 어 요 꽃 향 기 가 그 - 윽 한 길 해 님

도 쉬 었 다 가 는 길 - 다 람 쥐 가 넘 나 드 는 길 정 다

운 얼 굴 로 우 리 모 두 숲 속 을 걸 어 요

39

수건 돌리기

전유순 작사 / 이용수 작곡

바람솔솔불어오는 산에 올라 가 파란하늘노란들판 내려 다보 며

잔디밭에옹기종기 모여 앉아서 수건돌리기를해보 자 손 잡고

동 - 그렇게 모 이자 모두 모이 자 랄랄라

누 - 가 누가 술 래냐 가위 바위 보

빙글빙글돌아간다 술래가 온다 우리모두손뼉치며 노래 부르자

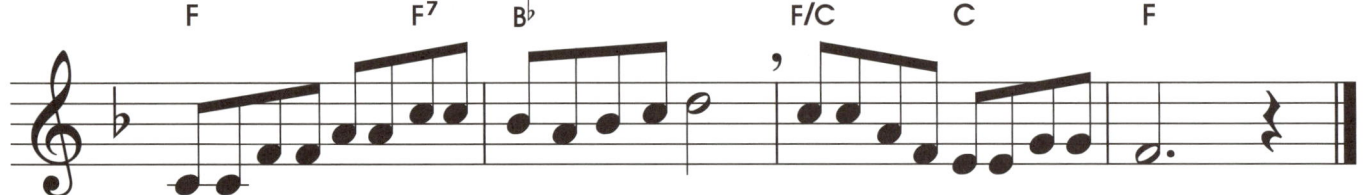

파 란하늘높이 높이 올 라 가도 록 소리높여 노래부르 자

40

연 날리기

CD 11

권연순 작사 / 한수성 작곡

에 헤 야 디 야 바 람분다 –   연 을 날려보 자

에 헤 야 디 야 잘 도난 다 –   저 하늘높이난 다

무지개옷을입고 저 하늘 에 –   꼬 리를흔 들 며

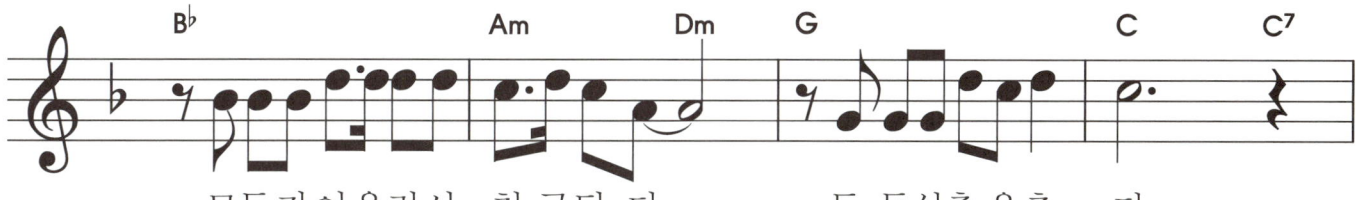

모두가어울려서 친 구된 다 –   두 둥실춤을춘 다

에 헤 야 디 야 바 람분다 –   연 을 날려보 자

에 헤 야 디 야 잘 도난 다 –   우 리의 꿈을싣 고

41

내가 제일 좋아하는 말

정하나 작사 / 정예경 작곡

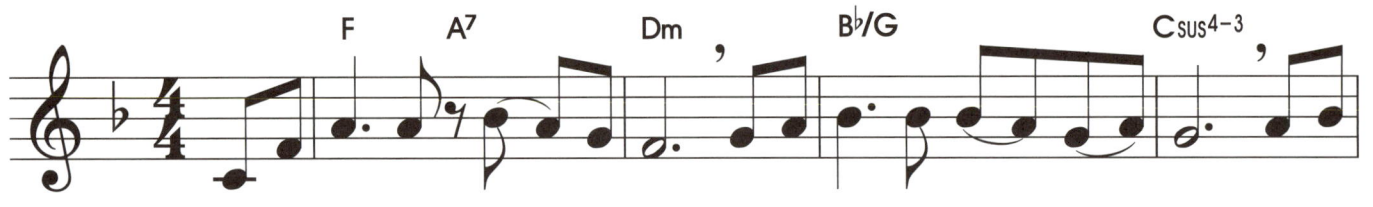

몇 천 번 을 불 - 러 도 더 부 르 고 싶 - 은 - 말 내 가

제 일 좋 아 하 는 그 런 말 이 하 나 있 죠 어 머

니 를 부 를 때 마 다 다 가 선 어 머 니 얼 굴 나 -

에 게 사 - 랑 으 로 가 르 - 치 시 네 몇 천

번 을 불 - 러 도 더 부 르 고 싶 - 은 - 말 내 가

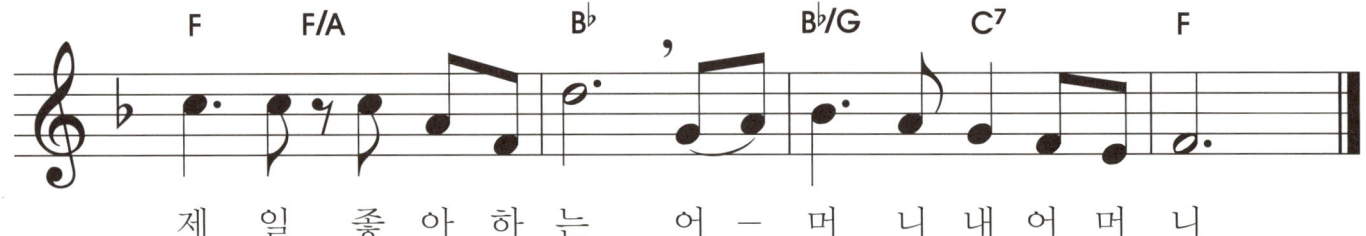

제 일 좋 아 하 는 어 - 머 니 내 어 머 니

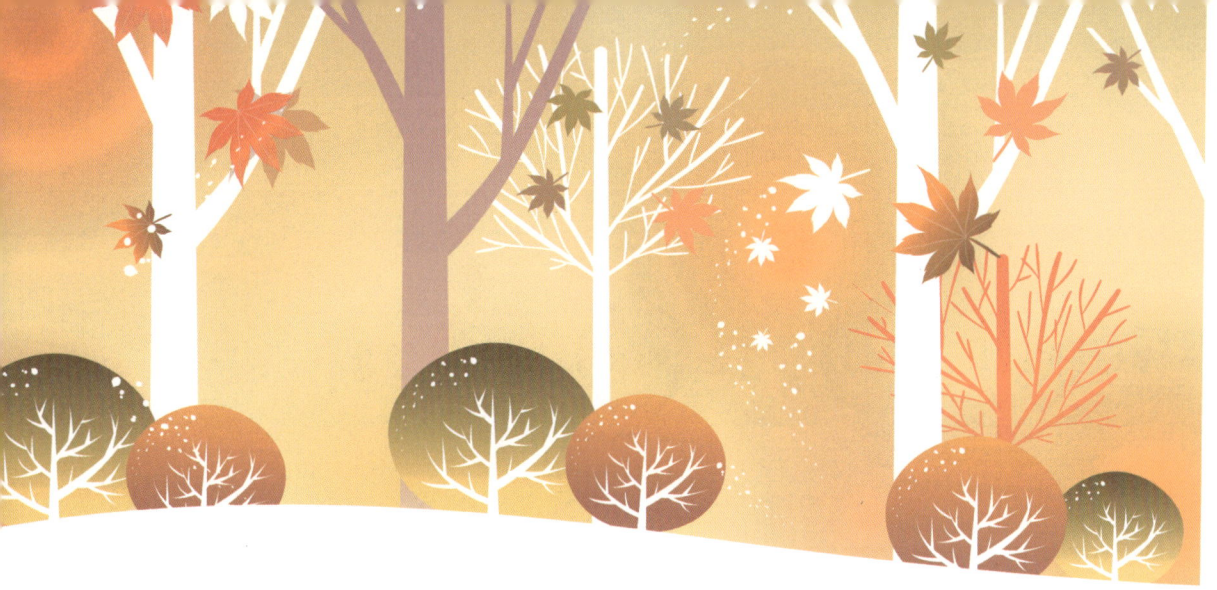

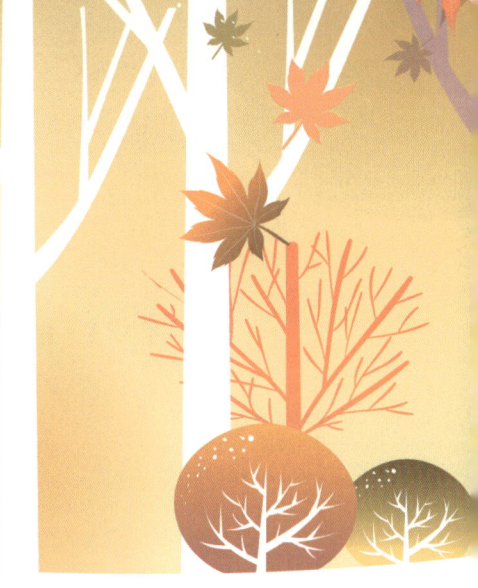

가을

백남석 작사 / 현제명 작곡

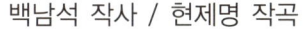

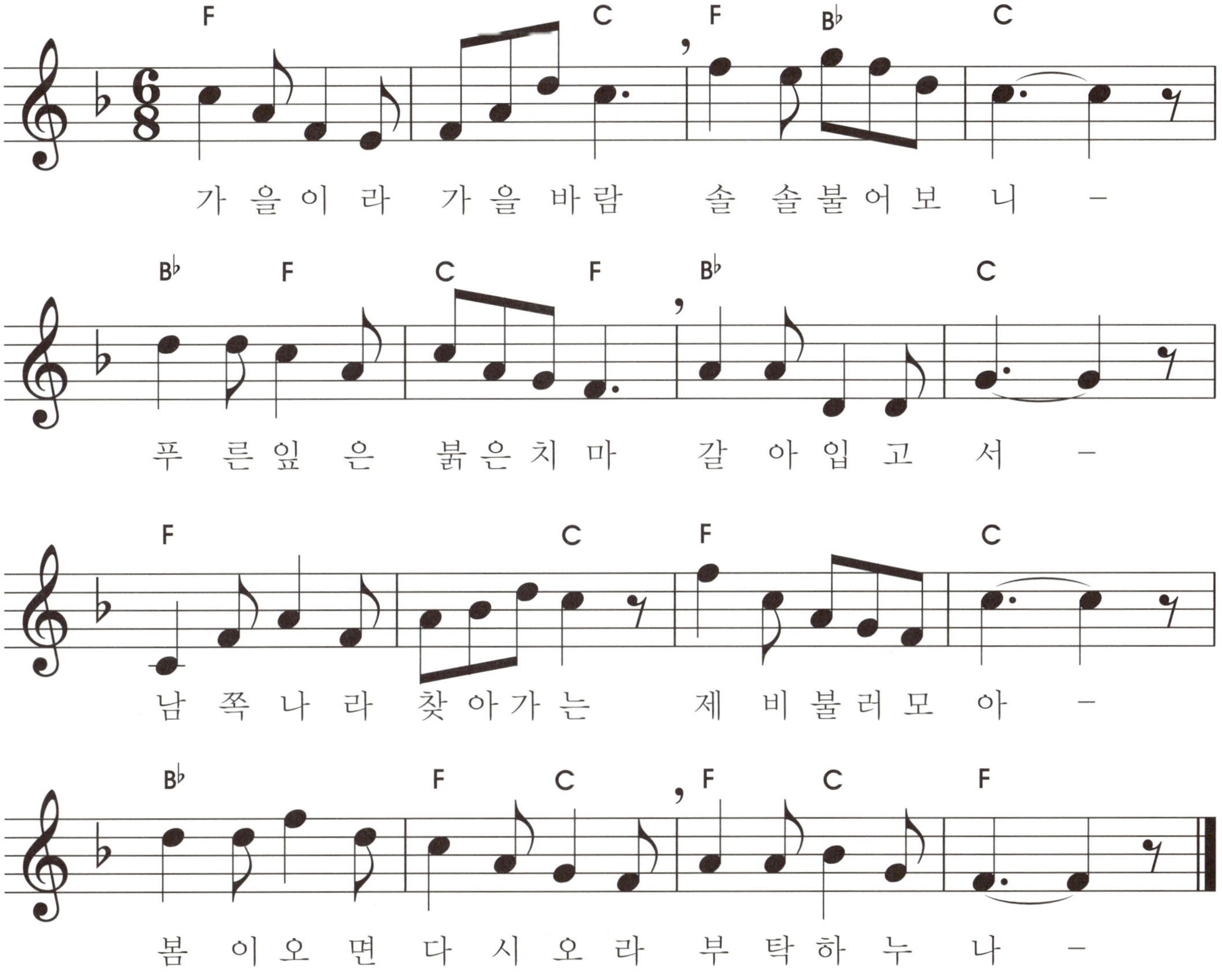
F C F B♭ C
가 을 이 라 가 을 바 람 솔 솔 불 어 보 니 –
B♭ F C F B♭ C
푸 른 잎 은 붉 은 치 마 갈 아 입 고 서 –
F C F C
남 쪽 나 라 찾 아 가 는 제 비 불 러 모 아 –
B♭ F C F C F
봄 이 오 면 다 시 오 라 부 탁 하 누 나 –

여러가지 변화음 파(#) = 솔(♭) , 높은 파(#) = 솔(♭) 연습

어린이 왈츠

원치호 작사 / 권길상 작곡

C **C7** **F** **F/G**

꽃 과 같 이 곱 － 게 나 비 같 이 춤 추 며

C **Am** **Dm** **G7**

아 름 답 게 크 는 우 리 －

C **C7** **F** **F/G**

무 럭 무 럭 자 라 서 이 동 산 을 꾸 미 면

C **G7** **C**

웃 음 의 꽃 피 어 나 리 －

45

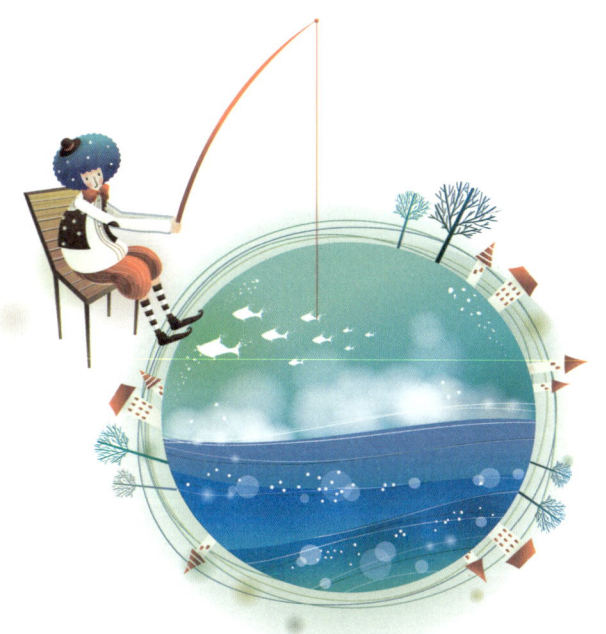

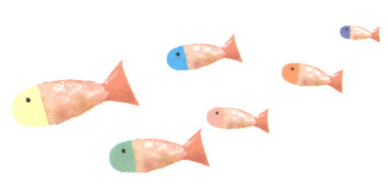

고기잡이

윤극영 작사 / 작곡

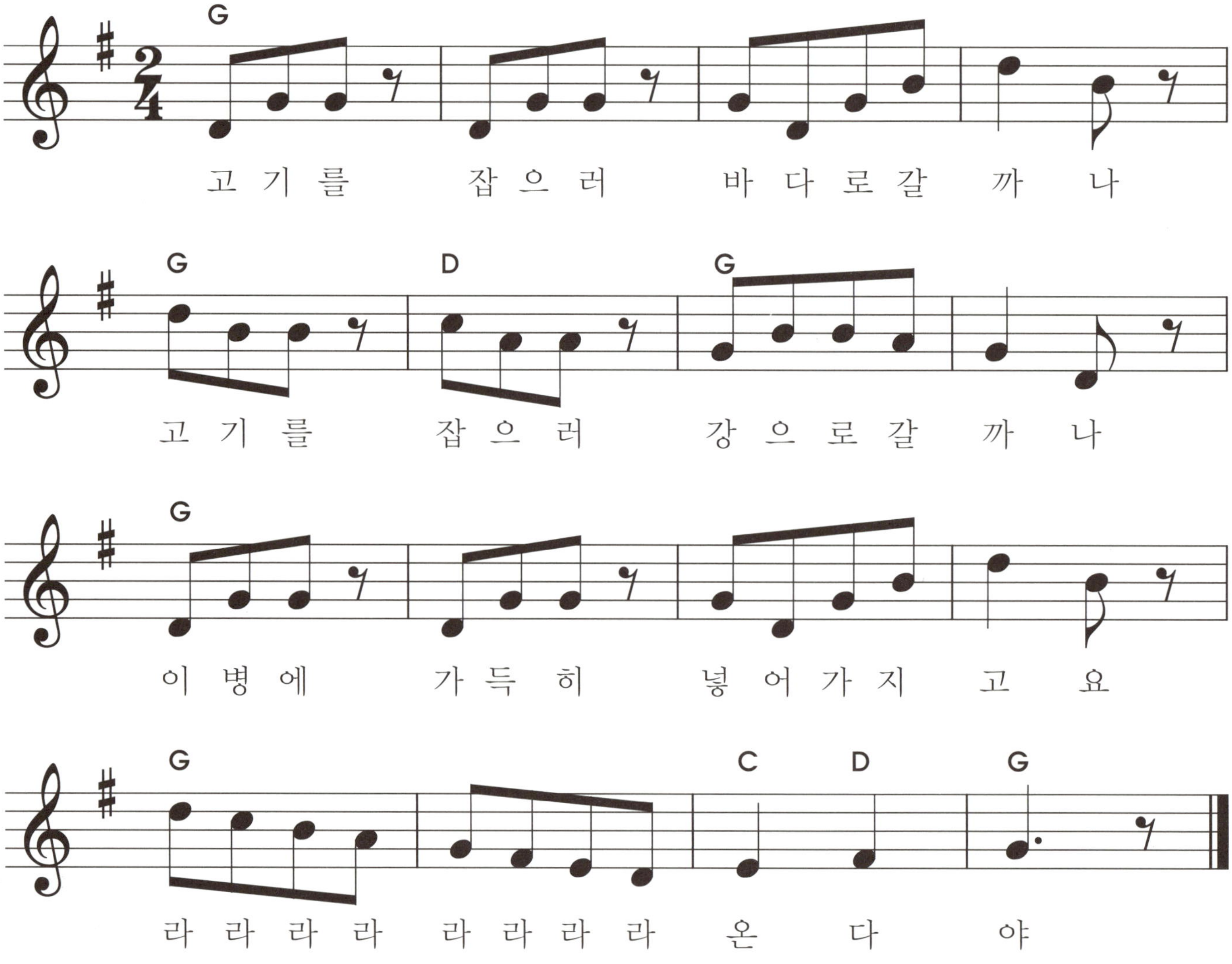
G
고 기 를 잡 으 러 바 다 로 갈 까 나
G D G
고 기 를 잡 으 러 강 으 로 갈 까 나
G
이 병 에 가 득 히 넣 어 가 지 고 요
G C D G
라 라 라 라 라 라 라 라 온 다 야

CD 13

생일 축하 노래

미국민요

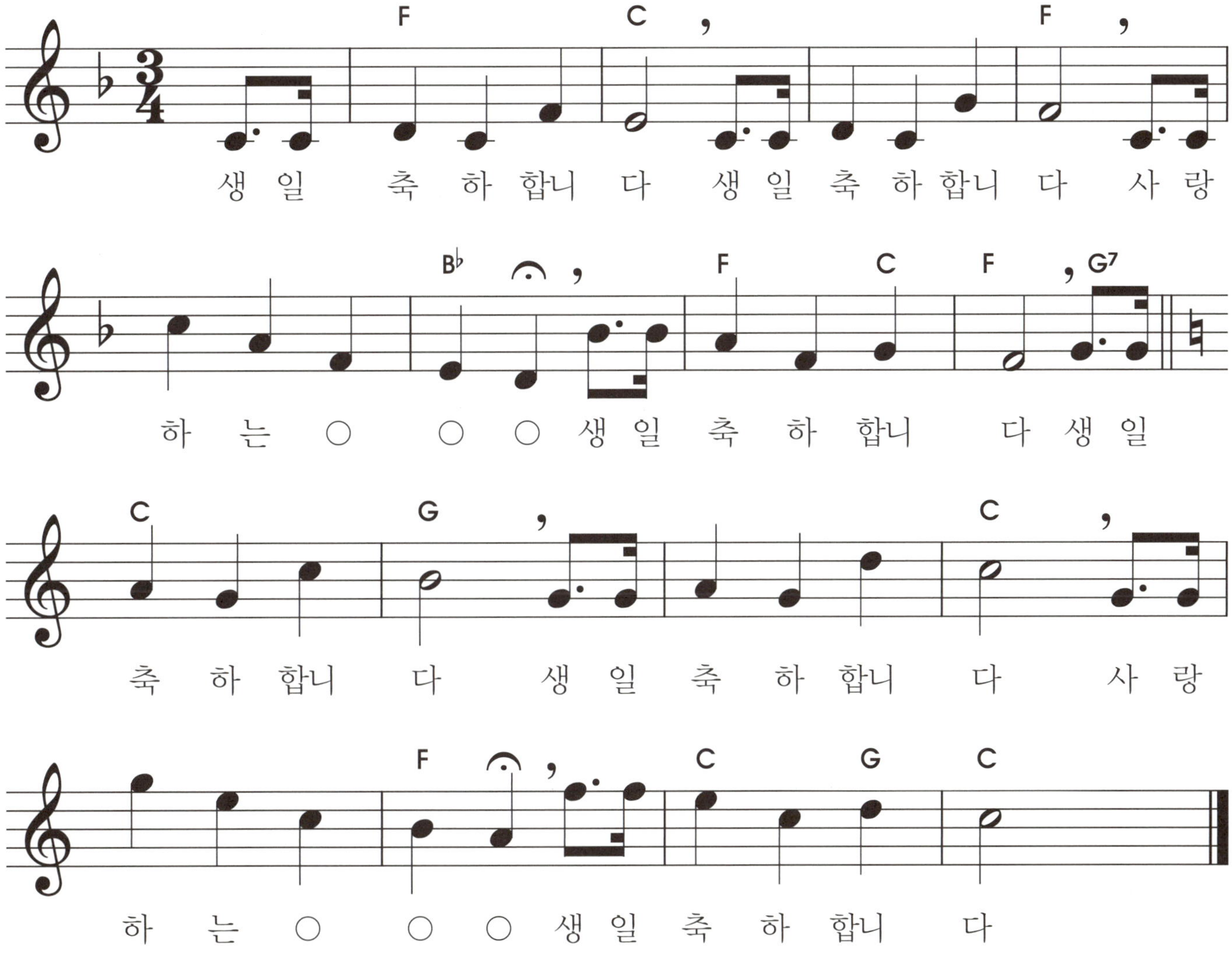

생 일   축 하 합 니 다   생 일 축 하 합 니 다   사 랑

하 는   ○   ○ ○ 생 일 축 하 합 니   다 생 일

축 하 합 니   다   생 일 축 하 합 니   다   사 랑

하 는   ○   ○ ○   생 일 축 하 합 니   다

CD 14

내가 살고 싶은 세상

작사 / 작곡 미상

C A Dm G C

내가 살 고 싶 은 곳 맑은 강 이 흐 르 고 예쁜

C Dm G D G

꽃 이 활 짝 피 어 나 는 어 여 쁜 나 라 내가

C A Dm G C

살 고 싶 은 곳 맑 고 깨 끗 한 공 기 푸른

C Dm G C

나 무 쑥 쑥 자 라 나 는 초 록 빛 나 라 그

F G F G

런 나 라 사 람 들 은 모 두 사 랑 해 내것

C F D G G⁷ C

네 것 다 투 지 않 고 함 께 — 가 져 요

48

사계(봄)

물이 바다 덮음 같이

CD 15

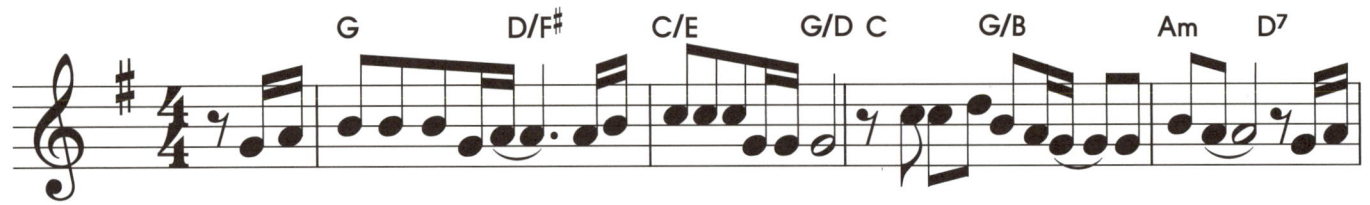

세상 모든 민족이- 구원 을얻기까지- 우릴부르시는-하 나님- 주의

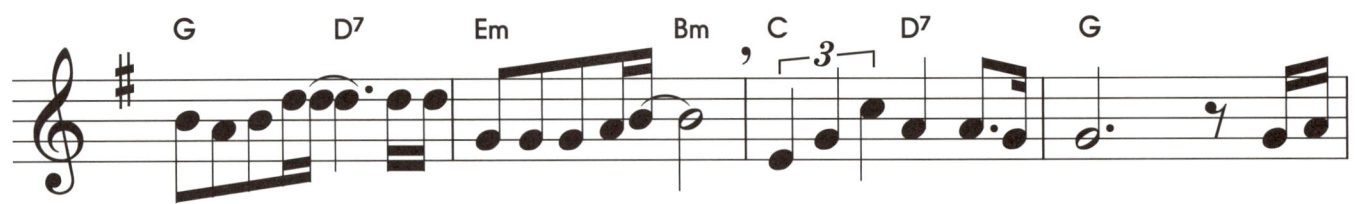

심장가지고- 우리 이제일어나 - 주 따르게 하소 서   세상

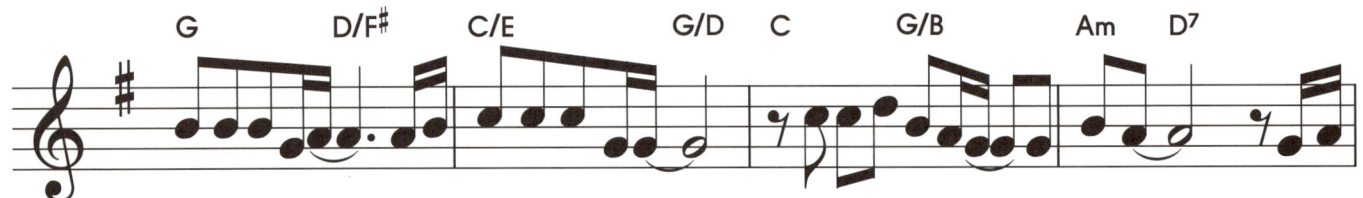

모든육체가- 주의 영광보 도록 - 우릴부르시는-하 나님 -   주의

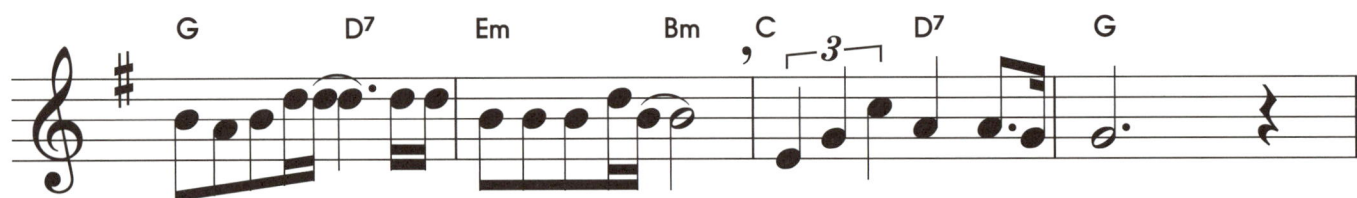

손과발되어- 세상 을치 유하며- 주섬 기게 하소 서

물이바다덮음같이 -   여호 와의영광을- 인정하는것 이

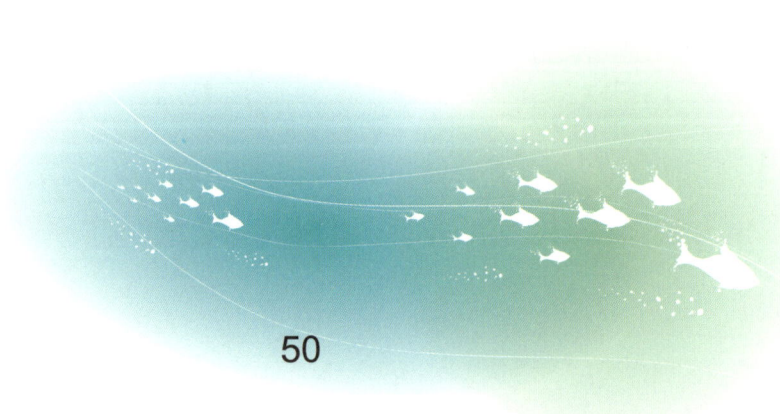

50

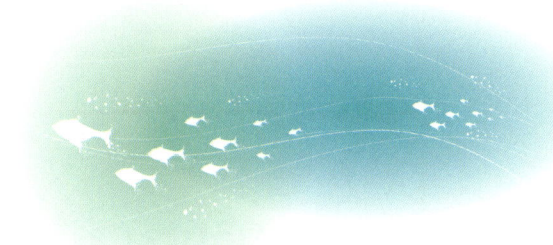

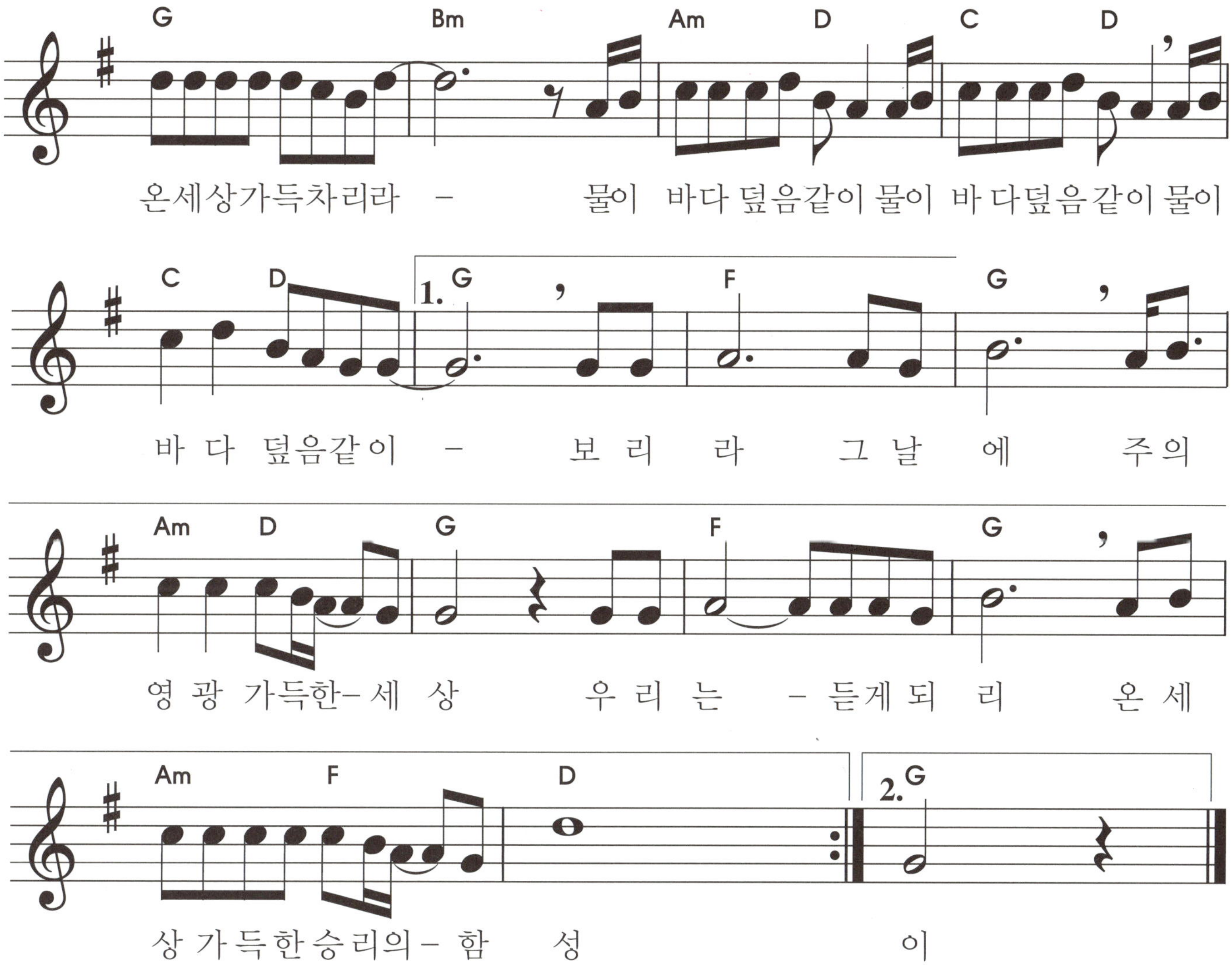
G Bm Am D C D
온세상가득차리라 - 물이 바다 덮음같이 물이 바 다덮음 같이 물이
C D 1. G F G
바 다 덮음같 이 - 보 리 라 그 날 에 주 의
Am D G F G
영 광 가득한- 세 상 우 리 는 - 들게 되 리 온 세
Am F D 2. G
상 가 득 한 승 리 의 - 함 성 이

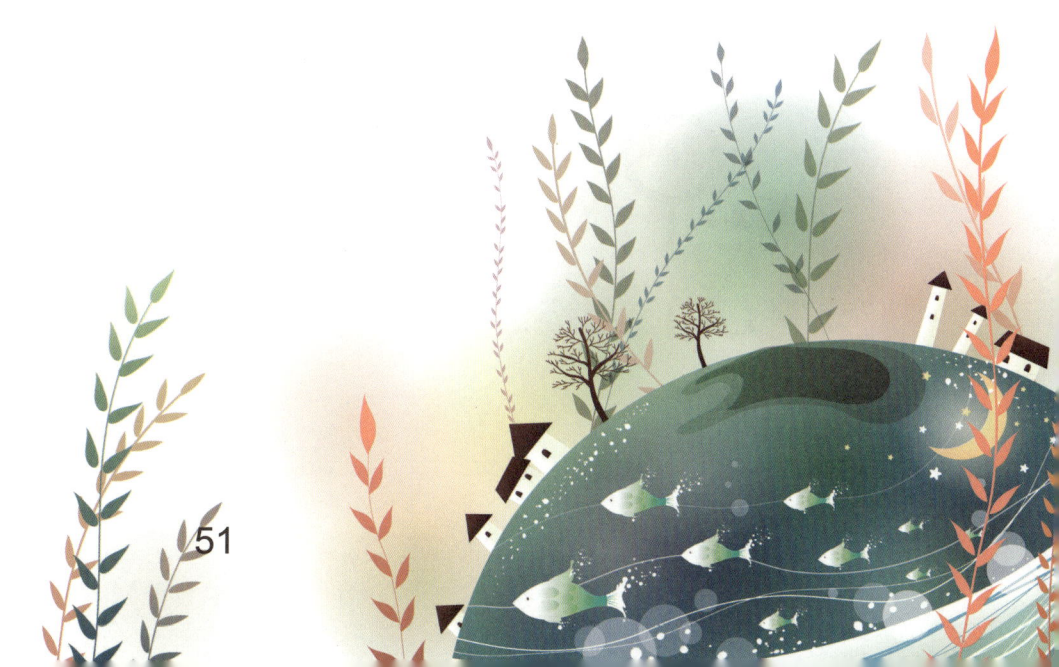

여러가지 변화음 미(♭) = 레(#) , 높은 미(♭) = 레(#) 연습

스케일 연습이 조금 어렵습니다.
처음에는 천천히 연습한 후 조금씩 빨리 연습하도록 합니다.

둥글게 둥글게

이수인 작사 / 이수인 작곡

둥글게둥글 게　　둥글게둥글 게　　빙 글빙글

돌 아가며 춤 을춥시 다　　손뼉을치면 서

노 래를부르 며　　랄랄랄 라 즐 거웁게 춤 추

자　　링 가링가 링　가 링가링가 링

링 가링가 링　가 링가링가 링　　손 에손을 잡 고

모 두다함 께　　즐 겁게뛰 어봅시 다　-

Fine　　D.C.

아기 염소

이해별 작사 / 이순형 작곡

파란 하늘 파란하늘꿈이 드리운푸른언덕 에

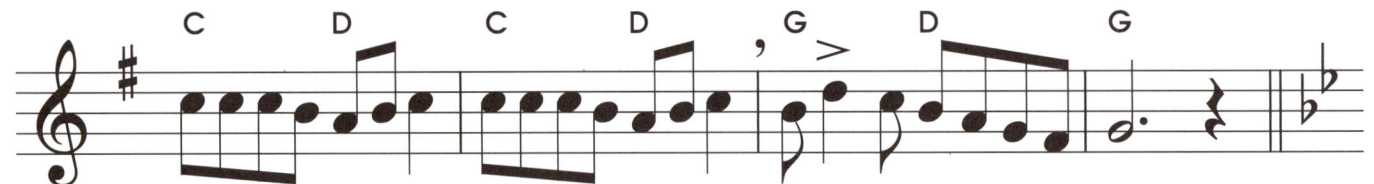

아기염소여럿이 풀을뜯고놀아요 해 처 럼밝은얼굴 로

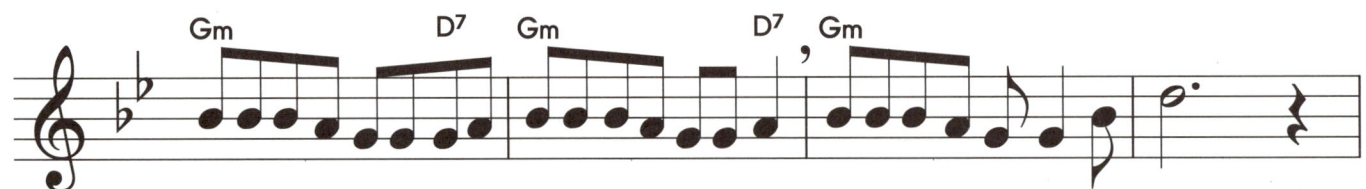

빗방울이 뚝뚝뚝뚝 떨어지는날에 는 잔뜩찡그린 얼 굴 로

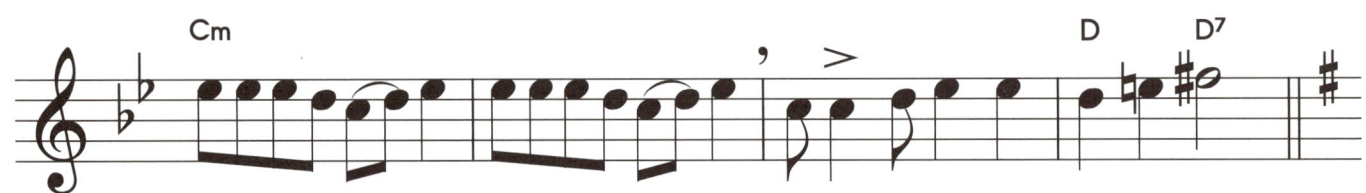

엄마찾아음–매 아빠찾아음–매 울 상 을짓 다 가 – –

해 가 반 짝 곱 게피어나면 너무 나 기다렸나 봐

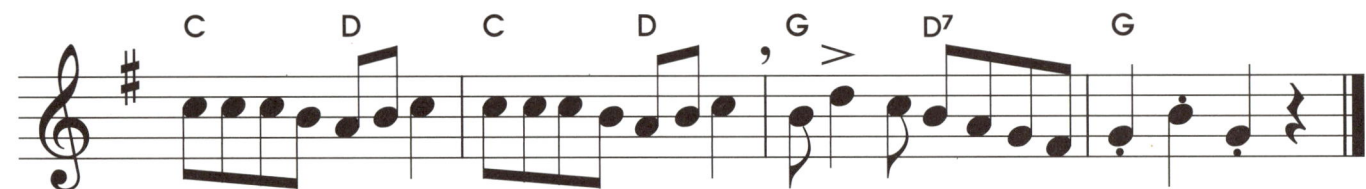

폴작폴작콩콩콩 흔들흔들콩콩콩 신 나 는아기염소 들 – –

로망스

스페인민요

사랑으로

이주호 작곡

내가 살 아가-는- 동안에 할일 이 또하나있 지 　바람

부 는언-덕에 서 있어도 나는 외 롭-지않- 아 　그러

나 솔잎-하나떨 어지면 눈물 따 라흐르 고 　우리

타 는가-슴- 가슴마다 햇살 은 다시떠 오르 네 　아-

56

영 원히 변치 않 -을 우리 들 의 사 랑 으 로   어 두

운 곳 에 손 을 내 밀어 밝 혀 주 리 - 라   아 -

영 원히 변치 않 -을 우리 들 의 사 -랑 으 로   어 두

운 곳 에 손 을 내 밀어 밝 혀 주 리 - 라

여러가지 변화음 도(#) = 레(♭), 높은 도(#) = 레(♭) 연습

홍하의 골짜기

미국민요

정든 이 계곡을 떠나 가는 그대 의 정다운 그얼 굴 다시

한 번 만애 기하 고픈 목 장 의 푸른잔 디밭 위 언 덕

을 넘 어서 가던 그 날 수선 화 가피어 있었 네 잊지

말 고서다 시오 려마 아 - 목 동이사 는계 곡

59

과수원 길

박화목 작사 / 김공선 작곡

G   G/B   C   G   G   Em   Am   D

동 구 밖   과 수 원 길   아카시아꽃이활짝폈   네   –

G   Bm   Em   C   D   G

하 아 얀 꽃   이 – 파 리   눈 송이처럼날 – 리   네   –

D   G   A   D

향 긋 한   꽃 냄새 가   실 바람타고 솔   솔   –

G   G/B   C   G   G   Em   Am   D   G   Bm

둘 이 서   말 이 없네   얼굴마주보며쌩 긋   –   아 카 시아꽃

Em   C   D   G   G   D   G

하얗게 핀   먼옛날의과수원 길   –   과 수 원   길   –

60

이슬

CD 19

김동호 작사 / 작곡

G　　　　Am　　　，D　　　C　　G　，

호롱호롱호 롱 산새소리에 잠 깨 어 뜰로나가니

G　Em　　Am　　，D　　G　G⁷

풀 잎 마 다 송송이맺힌 이슬 아름다워 은 쟁 반

C　　　G　，D　　G　G⁷，

에 ─가득담 아 아가 옷 ─지어볼 까 ─ ─색 실

C　　　G　，A　　D

에 ─곱게끼 워 엄마 목걸이 만─들 까

G　　　　Am　　　，D　　　C　　G　，

호롱호롱호 롱 산새소 리에 잠 깨 어 뜰로나가니

G　E　Am　A　，D　　G

풀 잎 마 다 송송이맺힌 이슬 아름다워

61

종소리

외국곡

Dm ' Gm '

종 소 리 가 은 은 하 게 들 려 온 다
딩 동 댕 동 딩 동 – 댕 들 려 온 다

Dm ' 1. A

희 망 의 앞 날 을 알 려 주 려
바 람 결 따 – 라

2. A Dm ' Dm '

저 멀 리 서 꿈 결 속 에 울 리 는
희 망 – 을 실 어 준

Gm ' Dm '

맑 은 소 리 나 – 의 단 잠 을
종 소 리 에 방 긋 이 미 소 를

1. A 2. A Dm '

깨 웠 지 만 지 었 지 요 희

Gm Dm ' A Dm

망 의 종 소 리 들 려 온 다

62

여러가지 변화음 솔(#) = 라(♭) , 높은 솔(#) = 라(♭) 연습

개구리 소년

박준영 작사 / 정민섭 작곡

개 구 리 소 년　뺨 빠 바　개 구 리 소 년　뺨 빠 바

네 가 울 면　무 지 개 연 못 에 비 가 온 단　다

비 바 람 － 몰 아 쳐 도 －　이 겨 내 고

일 곱 번 － 넘 어 져 도 －　일 － 어 나　라

울 지 말 고 일 어 나　뺨 빠 바　피 리 를 불 어 라　뺨 빠 바

필 리 리 개 굴 개 굴 필 리 리 리　필 리 리 개 굴 개 굴 필 리 리 리

무 － 지 개　연 － 못 에　웃 음 꽃 핀　다

모짜르트의 자장가

외국곡

G | D | G | G⁷ | C

잘 자라 우리 아 가 　　ㅡ 　　　앞 뜰 과

　 | G | | D

뒷 동 산 에 　 ㅡ 　　새 들 도 아 가 양

　 | | G | C | G

도 　 ㅡ 　　다 들 자 ㅡ 는 데

G⁷ | C | | |

ㅡ 　달 님 은 영 창 으 로 　 ㅡ

G | | | | C

은 구 슬 금 구 슬 을 　 ㅡ 　보 내 는

G | D | D⁷ | G | D | G

이 ㅡ 한 밤 　 ㅡ 　잘 자 라 우 리 아 가

　 | | D | G

ㅡ 잘 자 　 ㅡ 거 ㅡ 자 ㅡ 라 　 ㅡ

65

도레미송

로저스 작곡

C   , G

도 는 하 얀 도 라 지   레 는 둥 근 레 코 드

C   , F

미 는 파 란 미 나 리   파 는 예 쁜 파 랑 새

C   F   , D   G   ,

솔 은 작 은 솔 방 울   라 는 라 디 오 고 요

E   Am   ,   F   G   C

시 는 졸 졸 시 냇 물 – 다 – 함 께 부 르 자

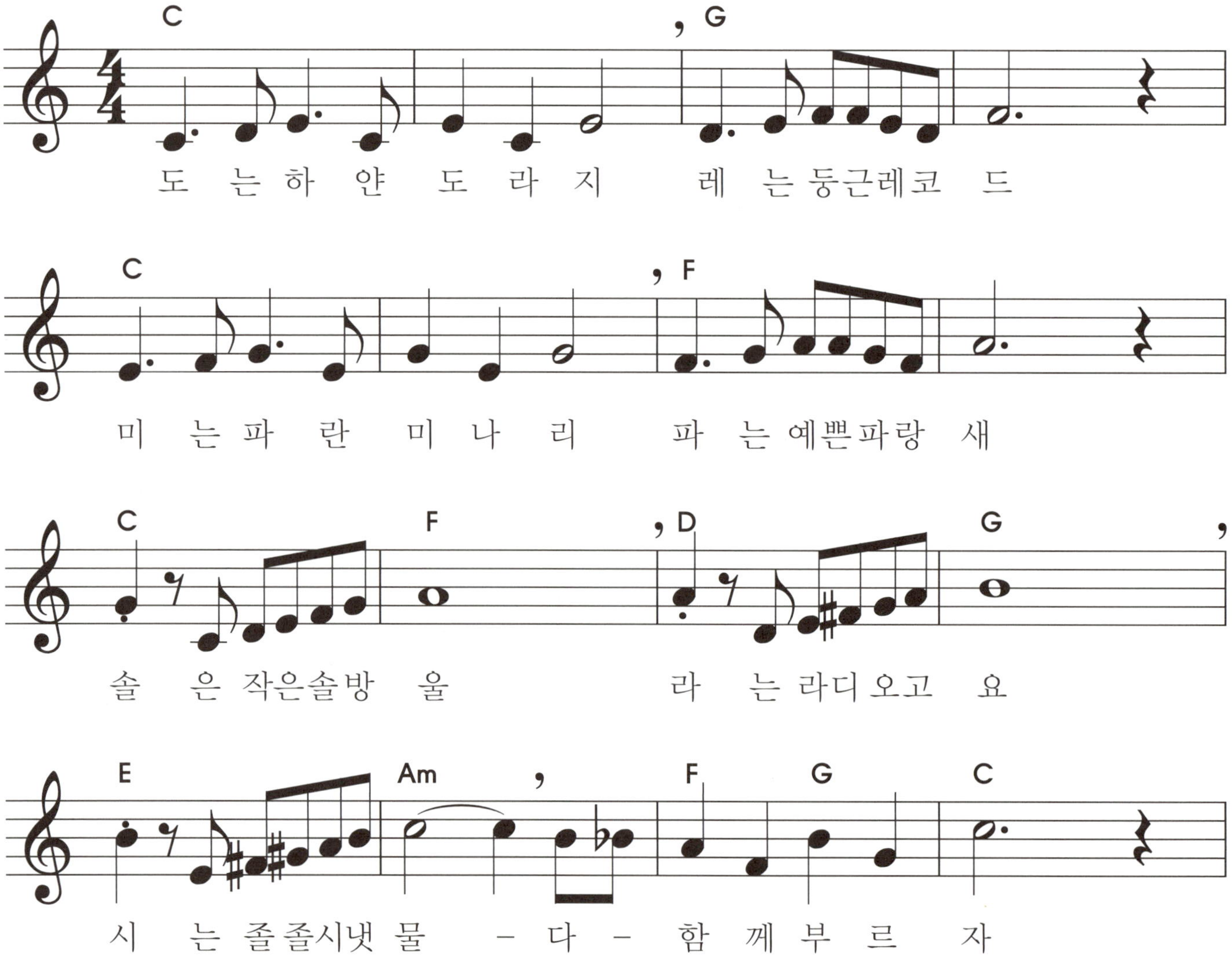

You are my sunshine

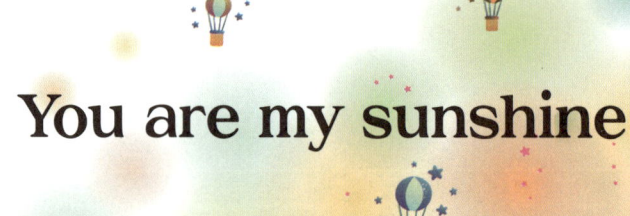

J. 데이비스 & C. 미첼

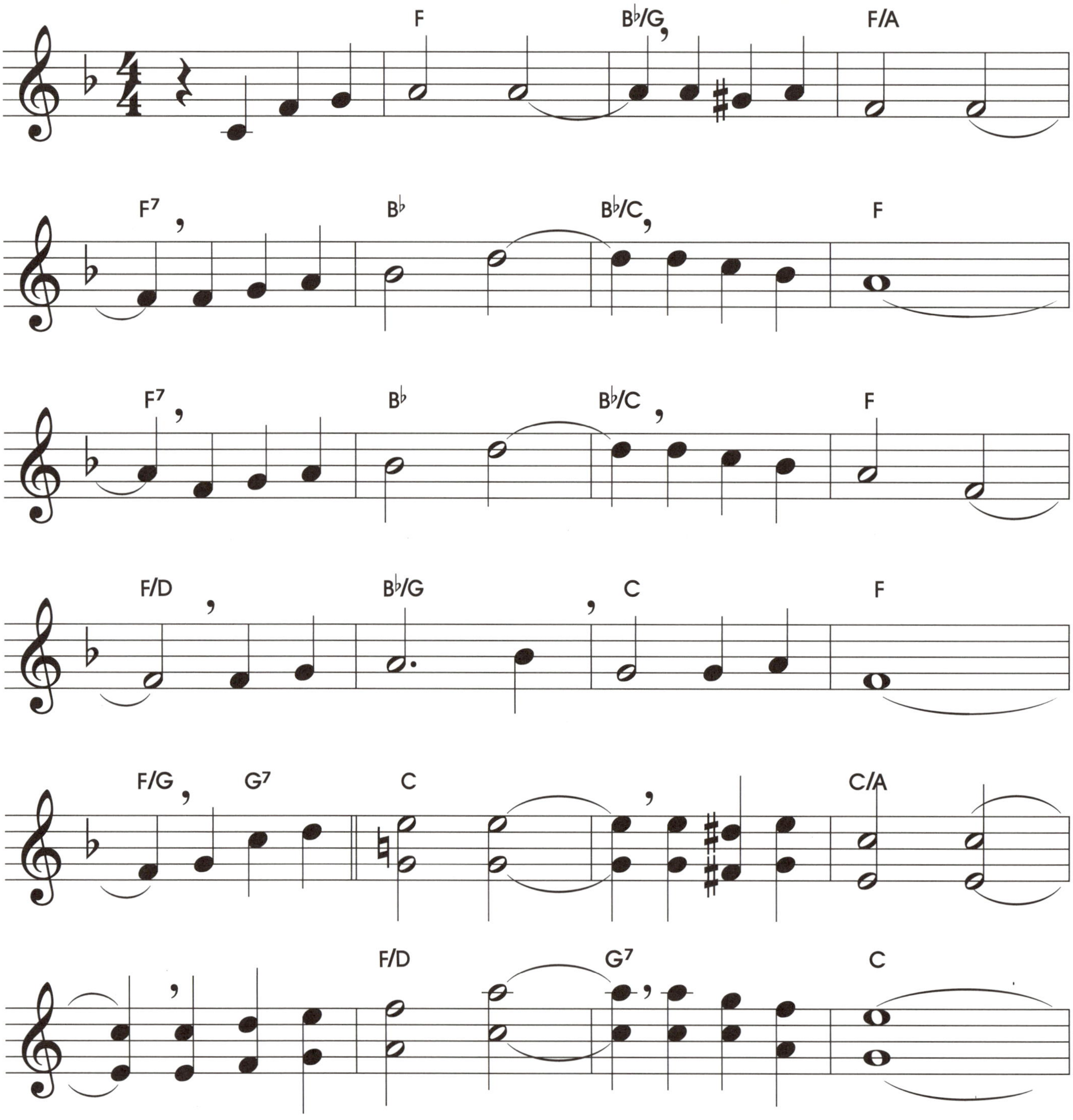

아기 다람쥐 또미

한예찬 작사 / 조원경 작곡

쪼로로롱 산 새 가   노 래하는 숲 속 에

예쁜아기 다 람 쥐 가   살 고   있었어 요

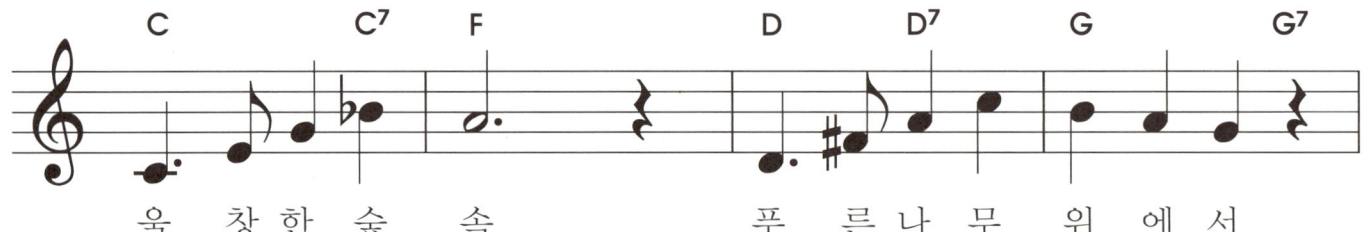

울 창한 숲 속   푸 른나무 위 에서

아 기다람쥐 또 미 - 가   살 고   있었어 요

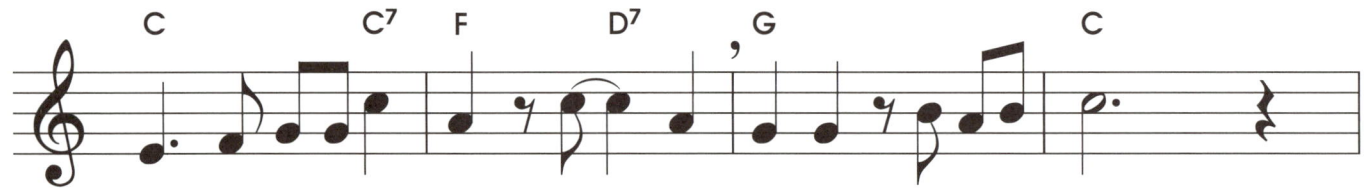

야 호 랄 라 노래부르자   야 호 숲속의 아 침을 -

야 호 트랄라 귀 여 운   아 기다람쥐 또 미

할아버지 헌 시계

H. 워크

중주곡

71

CD 24

교향시(몰다우)

Bedrich Smetana

들장미

바그너

하얀 연인들

레이 작곡

중주곡

은발

H.P.Danks

어머니의 마음

CD 28

양주동 작사 / 이흥렬 작곡

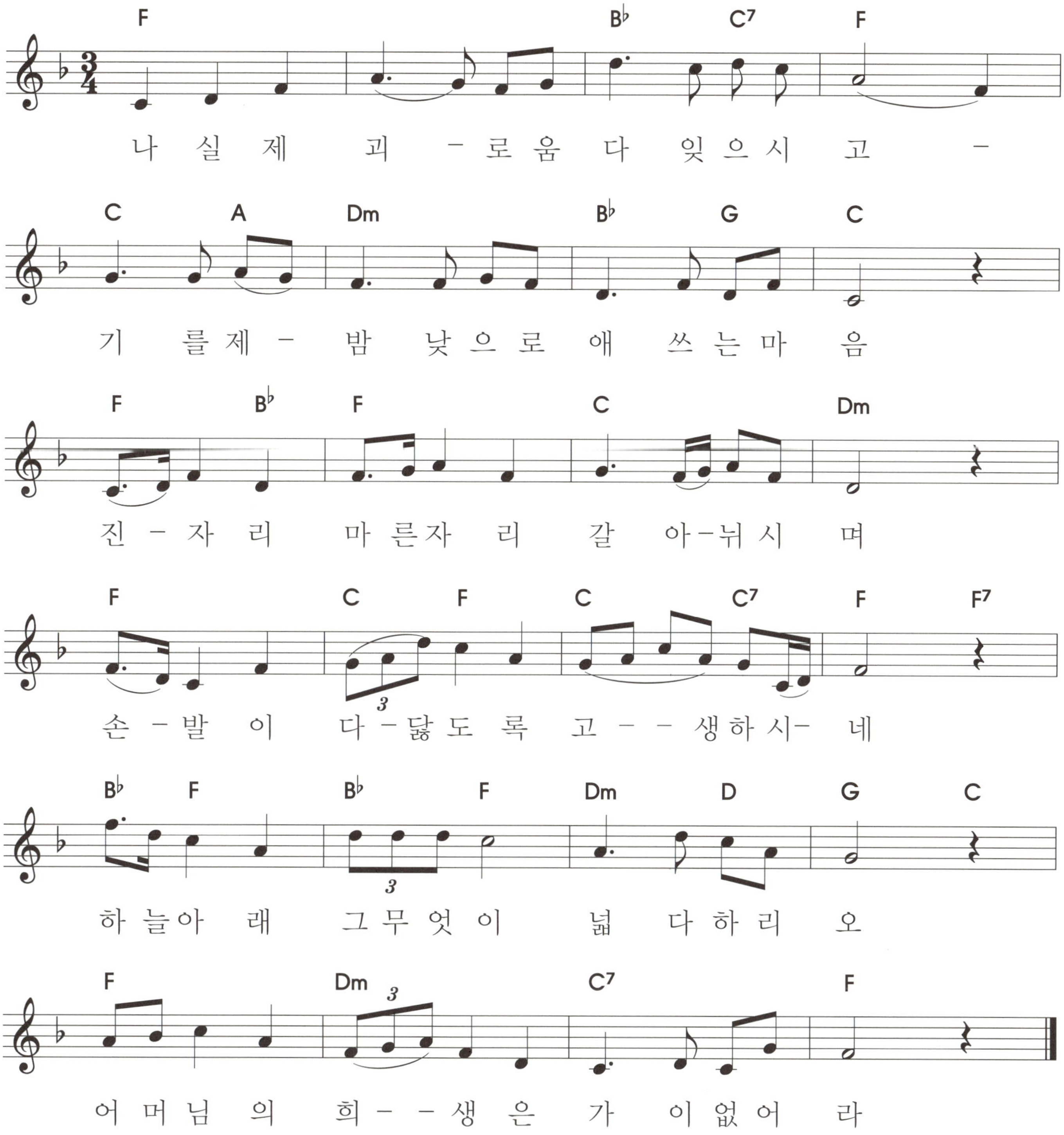

연주곡

나 실 제 괴 ー로움 다 잊으시 고 ー

기 를제 ー 밤 낮으로 애 쓰는마 음

진 ー자 리 마른자 리 갈 아ー뉘시 며

손 ー발 이 다ー닳도 록 고ーー생하시ー 네

하 늘아 래 그 무엇 이 넓 다하리 오

어 머님 의 희ーー생 은 가 이없어 라

77

문 리버

M.Henry 작사 / 최재영 편곡

연주곡

Amazing Grace

CD 30

미국민요

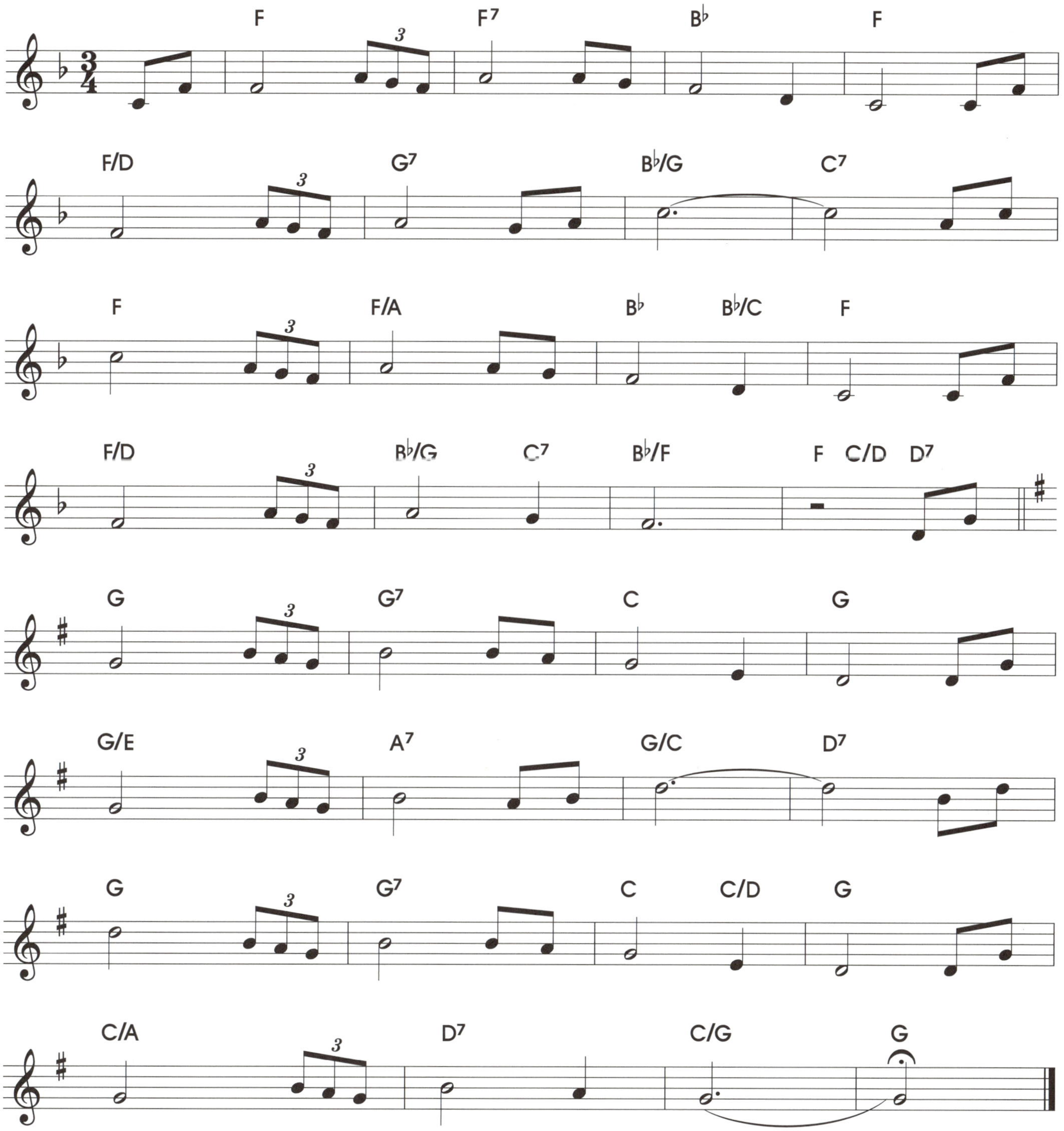

세레나데

하이든 작곡

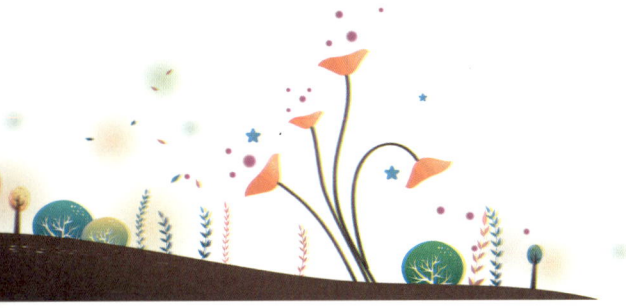

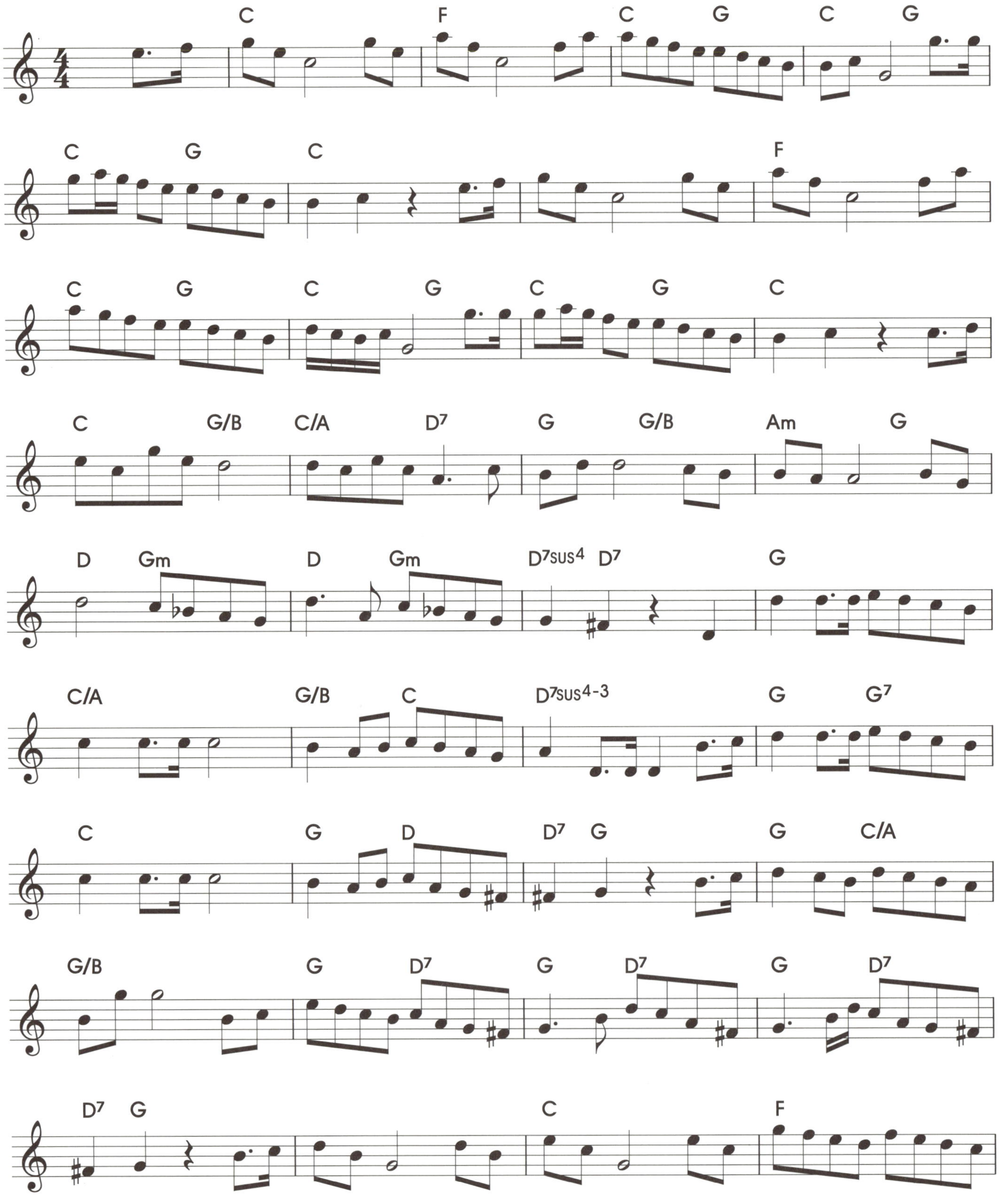
C F C G C G
C G C F
C G C G C G C
C G/B C/A D7 G G/B Am G
D Gm D Gm D7sus4 D7 G
C/A G/B C D7sus4-3 G G7
C G D D7 G G C/A
G/B G D7 G D7 G D7
D7 G C F

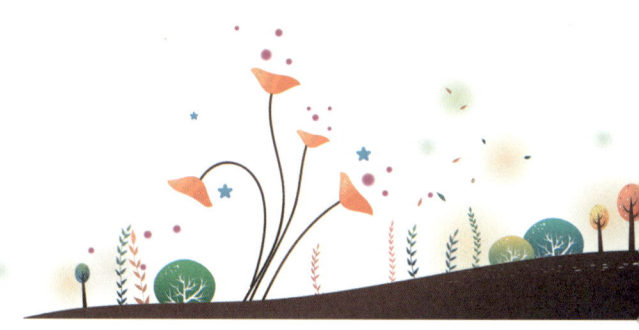

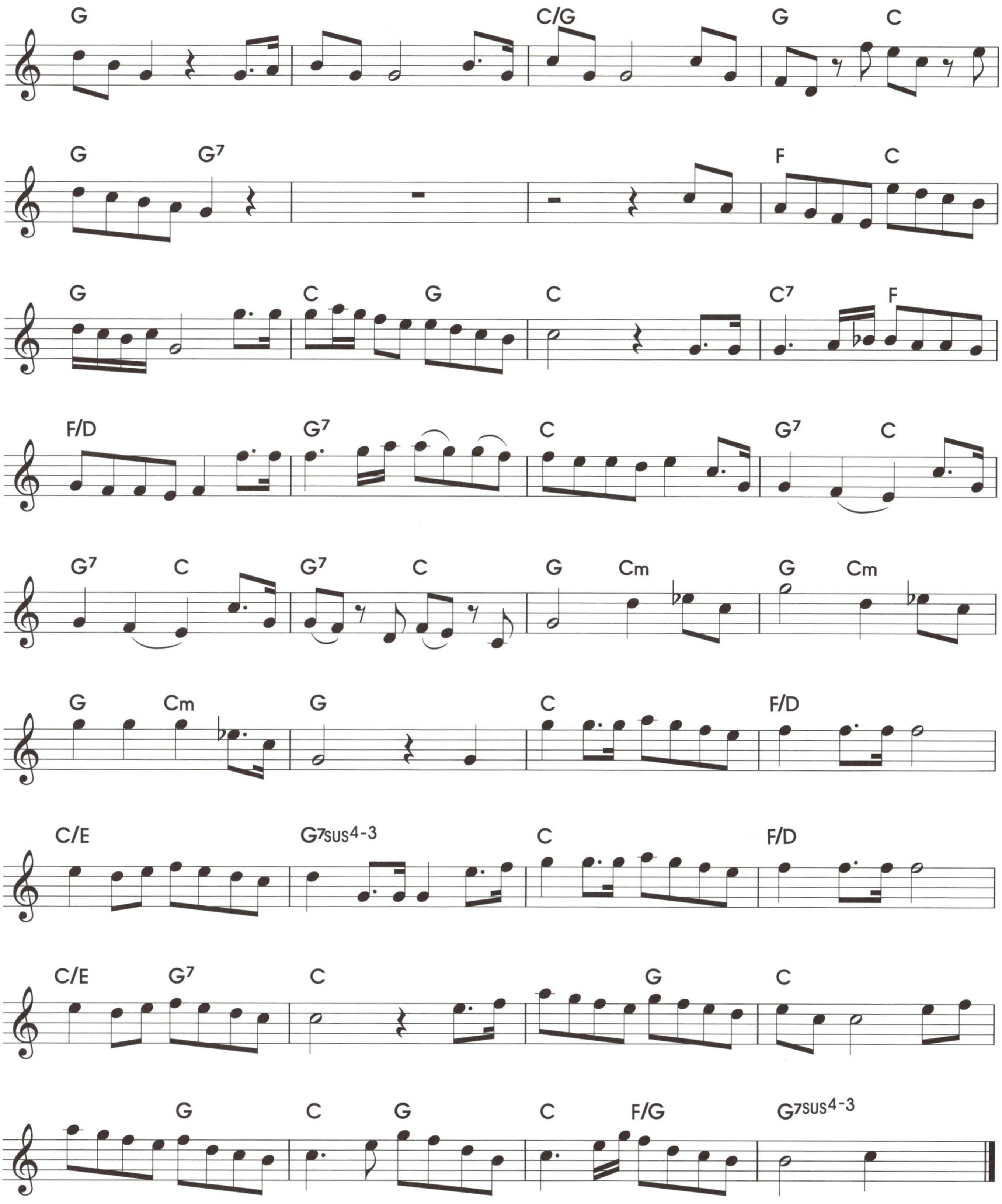
G C/G G C
G G7 F C
G C G C C7 F
F/D G7 C G7 C
G7 C G7 C G Cm G Cm
G Cm G C F/D
C/E G7sus4-3 C F/D
C/E G7 C G C
G C G C F/G G7sus4-3

CD 31

왈츠

브람스

대니 보이

CD32

아일랜드민요

83

이별의 곡

쇼팽

CD 33

연 주 곡

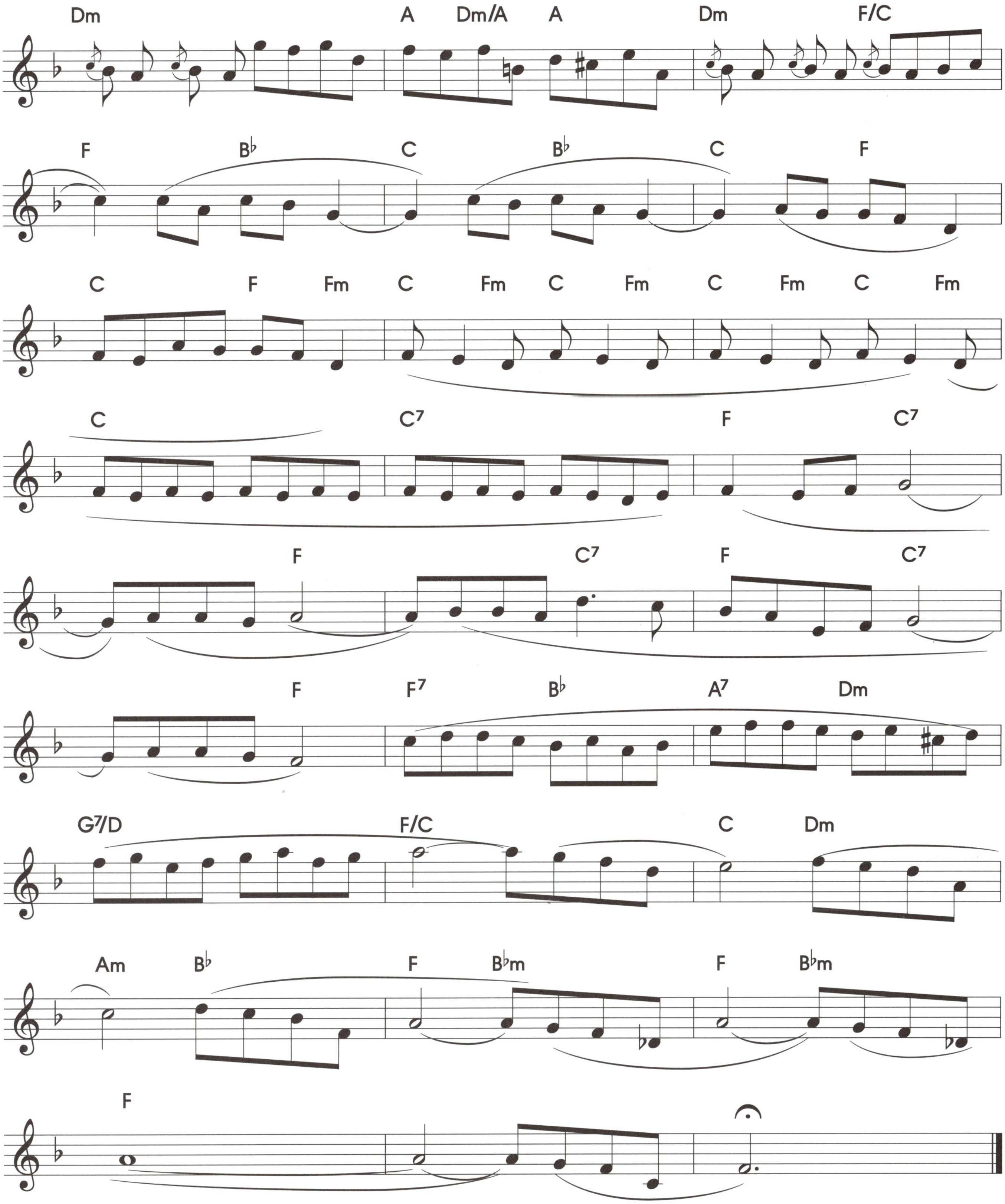
Dm A Dm/A A Dm F/C
F B♭ C B♭ C F
C F Fm C Fm C Fm C Fm C Fm
C C7 F C7
F C7 F C7
F F7 B♭ A7 Dm
G7/D F/C C Dm
Am B♭ F B♭m F B♭m
F

특강악기 시리즈

소프라노
리코더

편집 · 기획 : 다모아뮤직 편집부
발 행 인 : 박 은 호
펴 낸 곳 : 다모아뮤직
　　　　　http://www.damoamusic.com
　　　　　서울시 영등포구 영등포동 3가 8번지
　　　　　Tel (02)2698-5560
　　　　　Fax(02)2635-5560
편집 : 백해인
디자인 : 감
미디 : 고솔
등록번호 : 제315-2004-000010호

발 행 일 : 2008년 3월 20일

　정가 : 7,000원